30年間事務所に出た幽霊が教えてくれた

死後の世界

横澤丈二

はじめに

幽霊のてっちゃんを通して知った死後の世界

もともと、私は周囲に気味悪がられるほど未来を言い当てる少年でした。未来を見た記憶の中で一番古いのは、5歳くらいの時のものです。家の玄関を開けようとした途端、「玄関前の左側にクワガタがいる光景」がバッと目の前に広がったのです。「あ、クワガタがいるんだ……」と思って実際にドアを開けると、案の定、先ほど見たクワガタと寸分違わぬ様子でそこにいました。

その後は似たようなことがしょっちゅう起きました。幼稚園時代から小学校低学年まで、私の頭の中は昆虫への興味でいっぱいだったので、とにかく昆虫の予言ばかりをしていたと思います。「あの木にカブトムシがいる」「あなたの飼ってる昆虫は死ぬ」「脱走した昆虫はここにいる」など、地元でも旅先でも学校でもどこでもバンバン昆虫の予言を的中させていました。トランプゲームの「神経衰弱」も負けたことが一度もありません。なぜなら、カードを全部ひっくり返して開示した光景が誰よりも先に見えてしまっていたからです。

父と母はオカルトを信じない人間だったので、変なことばかり言う私をよく思わず「またバカなことを言って！　全部当てずっぽうよ」と、私を信じる気配はありませんでしたが、私の目には確実に〝未来の光景〟が見えていたので、単なる憶測でないのは明らかでした。

今思えば、私は明らかに〝視える系〟の予知能力を備えた少年だったわけですが、それ以上に幽霊もしょっちゅう見えていたので、自分が見ている世界は一体なんなのだろう？　なぜみんなは見えないのだろう……と混乱するばかりで、自分の能力を追究しようとは思っていませんでした。また、小学生の時はＩＱが１７８だったこともあり、自分はやや頭が変わった子どもなのかもしれない……と気後れしていたので、むしろ普通の子どもでありたいと願っていました。そうしているうちに、10歳くらいからさらに予知能力が高まり、「こうしたほうがいいよ」という不思議な声やビジョンが見聞きできるようになってしまったのです。

幽霊と未来は繋がっている——。私がそのことに気づいたのは最近のことでした。

私の予知能力が心霊現象と繋がっていることに気づいたのは、私が経営する事務所ヨコザワ・プロダクションで降霊術の一種である「コックリさん」をはじめてからです。コックリさんを通じて私は「てっちゃん」と名乗る9歳の少年と出会い、日々会話するようになりました。すると、どうやらその「てっちゃん」は、スタジオに棲みついている地縛霊ではなく、私が小さい頃からずっとうしろにいてくれた守護霊で、彼の目を通じて未来を見ていたということがわかってきたのです。

思えば、私は高校進学や会社の経営者になるタイミングなど人生の重要な分岐点で必ず不思議な声やビジョンを見聞きしていました。そして、その啓示に従って道を進んだからこそ、今は100人以上の生徒を抱えるスタジオの経営を成功させることができたのです。その啓示をくれていたのが幽霊の「てっちゃん」だったのです。ということは、幽霊は未来がわかっているからこそ、私にアドバイスができていたということになります。でもじゃあなぜ幽霊は未来がわかるのでしょうか？　幽霊は未来人なのでしょうか？　そんな疑問をてっちゃんに投げかけました。

私「てっちゃん……てっちゃんはなぜ未来がわかるの？」
テツ「未来は別次元に同時に存在しているからだよ。キミも死んだらわかる」
私「僕は今知りたいんだよ。死んだ後どうなるのか教えてよ」
テツ「じゃあ、僕より詳しい人を連れてくるよ。彼らはキミが死んだ後の、80年後の未来で働いている高級官僚とか、公務員の人たちだから、くれぐれも失礼のないようにね。キミが僕に頼んでくれれば、いつでも取材できる状態にしておくよ」

てっちゃんは、そう言って「死後の世界」を知りたがる私に、あの世にいるお偉いさんたちを紹介してくれるようになりました。私にはオカルトの知識も、ましてや予言の知識もないので、幽霊たちから見聞きした話の整合性を図るノウハウはありません。けれども、本にするからには正しい情報を書きたいし、ひとつでも多くの予言を伝えたいので、とにかく何人もの霊をコックリさんで呼び出して、同じ質問を投げかけ、死後の世界がどういう場所なのか、解像度を高めていきました。この本には、約半年間、集中的に霊界取材を繰り返して残った「確度と純度の高い情報」だけを記したつもりです。

また、たとえ自分の理解の範疇を超える内容でも、無理やり自分の納得できる説明に落とし込もうとするのではなく、受け取ったメッセージをそのまま伝えるように心がけました。

だから、正直自分で読んでいても疑いを持ってしまいたくなるような、謎めいた説明が書かれている部分もあるのですが、ぜひ最後まで読んでみていただきたいです。

なぜなら死後の世界を知ることで「何のためにこの世があるのか」がわかってくるからで

す。我々はなぜ生きているのか、誰に生かされているのか、さらには地球や自然との関わりの重要性が見えてきます。そして何よりも読者の皆様が「魂」の尊さに気づいてくれたらうれしいです。

前置きが長くなってしまいましたが、予言については、この本の執筆中にも、ハマスによるイスラエル攻撃、２０２３年の12月３日ミンダナオ島沖でのマグニチュード７・６の地震およびマラピ火山の噴火を的中させています。私の生徒や編集者が確認する中で的中させたので、嘘ではないし証言者もいます。やはり、私の霊界取材は間違っていないのだ……という確信にも繋がりました。

また、本書に出てくる私の心霊体験についても、できるだけ実名で証言してくれる第三者を集めて、信憑性の高さが伝わるようにしました。だってポルターガイスト現象がしょっちゅう起きるスタジオの経営者の話なんて、普通の人は信じることができないと思いますから。ですから、少しでも読者の皆様に「危ない人間ではない」ことをわかってもらって安心して本書を読んでいただくために、第三者の力をお借りしました。

こうした現象については、真実を追ったドキュメンタリー映画として２０２３年に『三茶のポルターガイスト』が上映され検証が行われました。また２０２４年の６月には続編となる『新・三茶のポルターガイスト』が上映されますので、気になる方はぜひその目で確かめてください。

てっちゃんを通じてさまざまな幽霊から聞いた「死後の世界」と「この先の未来」を、ぜひご自身の今後に役立ててほしいです。

目次

第2章 死後の世界

第3章　死後の世界Q&A　素朴な疑問の一問一答 107

第4章　予知　あの日見たビジョンのこと

STAFF CREDIT

ブックデザイン　ササキエイコ
編集　角由紀子
編集補助　続木順平（KADOKAWA）
ＤＴＰ　ニッタプリントサービス
校正　文字工房燦光

＊ヨコザワ・プロダクション（以下、ヨコプロ）は１９９０年に筆者である横澤丈二によって設立された芸能事務所であり俳優養成所です。団員の増加に伴い１９９２年に三軒茶屋のビルの4階に稽古場を移し、そこで30年間起き続けた怪異現象と幽霊との交流によって得られた死後の世界にまつわる詳細な情報を掲載しております。

＊本書の内容の多くは、２０２４年2月15日までの情報をもとに作成しています。本書刊行後、社会情勢の変化により本書の内容とは異なってくる可能性がありますので、あらかじめご了承ください。

＊本書は死後の世界や予言に関する情報提供も行っていますが、あくまでも個人の見解でありその有用性を保証するものではありません。

＊本書刊行後、本書の内容によって生じた利益・損失について、執筆者ならびに出版社は一切責任を負いません。ご自身の責任のもとでご判断ください。

第1章 霊との邂逅

稽古場の怪異現象と、てっちゃんとの出会い

最初に、私の体験が信用に足る出来事だと思ってもらうことが必要でしょう。仕事の拠点となっている事務所で幽霊が出た経緯をお話しいたします。また、私だけではなく外部の人間が実際に体験した証言も入れておきます。

キャロットタワーを中心に、都会的な街並みが広がる三軒茶屋、通称「三茶」。私は、その駅から2分程度の三角地帯にある8階建ての雑居ビルの4階に〝日本一幽霊が出る〟といわれるスタジオ「ヨコザワ・プロダクション」を構えています。

そして、このビル自体も異様な雰囲気を醸し出しています。元は綺麗な白壁のビルだったのでしょうが、築57年の間に土埃やカビ、コケ、サビなどが生じ、薄茶色に変色して全体的に荒れた空気が漂っているのです。エントランスには夜の看板が立ち並び、いかにも繁華街の商業ビルといった佇まいの怪しげなビル……。幽霊というよりも、現実に存在する裏社会の匂いを強く纏っている土地柄と言っていいでしょう。周辺には小さな居酒屋やバーがひしめき、真面目そうなサラリーマンから黒スーツの男たち、水商売の女性やこのエリアで昔から生活している年配の方々までと、ありとあらゆる人たちが昼夜問わず行き来しているような土地柄にヨコプロは存在します。

私がこのビルに入居を決めたのも、そんな雑然とした場所だからでした。稽古中に大声を出しても誰も気にしないだろうという目算があったのです。今考えるとこのカオスな空間に死後の世界に繋がる特殊な場所が存在するのは、ある意味必然なのかもしれないとも思いますが……。

1992年、事務所移転の3日後に出た

私が初めてこのビルで幽霊を見たのは、1992年のこと。自分の劇団であり俳優育成スクール「ヨコザワ・プロダクション」を移転したわずか3日後のことでした。

夕方、1階でエレベーターに乗ろうとすると、晴れた日にもかかわらず、うっすらと濡れた黄色いレインコートを着た髪の長い女性が、モップとバケツを持ってうしろ向きに立っていたのでした。ペターッと壁にへばりつくように立つその姿はどう見ても異様でしたが、うしろを向いていることもあり、すぐに幽霊だと判別することはできませんでした。だから私は4階で降りる際に「お掃除、お疲れさまです」と声をかけてしまったのです。

すると、エレベーターの扉が閉まりゆくのと同時に女性の首だけがスローモーションでぐぐぐぐとこちらに向かって回転しはじめたのでした。首だけが180度回って正面を向いたその顔は、中身がえぐられたように陥没していて鼻も口も見当たらず、真っ黒な目の辺りにふたつ、奥のほうでキラリと光る玉が見えたのでした。

私は仰天しました。「こんなにハッキリと幽霊が出るのか……！」と。それと同時に、入居当日に大家さんに「エレベーターに幽霊が出るから気をつけてね」と言われていたことを思い出し、「これがその幽霊だったのか！」と納得したのでした。

よくよく話を聞くと、このビルのエレベーターに幽霊が出るという噂はもう何十年も前から有名だったらしいのです。実はこの建物のエレベーターは2階では止まりません。その理由は、2階から中年女性の幽霊が乗ってくる事例が多発し、霊を目撃したお店のスタッフが失神騒動を起こしたからだと噂で聞きました。

証言1 渡邉存瀰（オカルト系ウェブサイト「TOCANA」編集長）

「ヨコザワ・プロダクションは2020年以降に話題になった心霊スポットだけど、このビル自体はもっと前から幽霊が出るって地元では有名だったよ。10年以上前かな、僕が三茶で働いていた時、友人3人とあのビルの7階にあるカフェで待ち合わせをしたんだよね。

その時、僕はちょっと遅刻しちゃって、後からエレベーターに乗って7階まで行ったんだけど、到着するなり友人たちに『まさかエレベーター使ってないよね⁉　ヤバいっしょ？　幽霊出た⁉』と聞かれたんだよ。何も知らない僕は『いや、何もなかったけど』と答えたけど、聞くと全員階段を使って7階まで上がってきてたみたいで。『ここのエレベーターはメチャクチャ幽霊が出るから、知ってる人は誰も使わないよ』と言ってた。だから、三茶にすごい心霊スポットがあるっていう噂を聞いた時は、すぐにここのことじゃないかとピンときたよ」

証言2　後藤剛（映画プロデューサー）

「もともといろいろなバーを飲み歩くのが趣味なんだけど、2010年代にあのビルの2階のキャバクラに行った時に『このビルは幽霊がすごく出るんだよ』と聞いていましたね。のちに僕はホラードキュメンタリー映画の『新耳袋　殴り込みシリーズ』という作品で原作者の木原浩勝さんから『三茶にすごい場所がある』と聞かされるんだけど、その時すぐにこのビルのことだと思いましたよ。だって、すごいすごいって昔から地元では言われてたみたいだから」

頻繁に出てくる子どもの幽霊たち

エレベーターで強烈な心霊体験をした後も不思議な出来事は続きました。入居して1～2年は稽古場に響く大きなラップ音や天井の割れなどが主な怪奇現象として挙げられますが、特に印象に残ったのは、廊下を走る子どもの足音や笑い声が頻繁に聞こえたことでした。関係があるのかわかりませんが、Googleストリートビューでこの建物を調べると子どもの写真が出てきます。ビルの内部でランドセルを背負った小学校低学年くらいの2人が歩いている写真ですが、ここは風俗ビル。小学生を目撃することはほとんどありません。さらによく見ると、奥に写っている少年の横に、壁から手が出てきています。ネットではこの件について「かつてビルに入っていた音楽教室に通う生徒ではないか」と指摘されていましたが、それは隣のビルに入っていた教室です。

降霊術スクエアで出た白い裸の少年

1994年、決定的なことが起きました。幼少期から霊感があった私は生粋のオカルト好きだったので、舞台の演目もオカルト的な要素が含まれる題材を中心に扱っていました。その影響からか、劇団員もオカルトに興味を示す子が多かったのです。ある夜のこと、その団員の1人が、「深夜に4人で降霊術のスクエアをしよう」と私に提案したのがことのはじまりでした。

スクエアとは、部屋の中心に魔法円が描かれた布を敷き、次に四隅に4人が立ってはじまる儀式です。1人目が壁伝いに2人目がいるところまで歩いて肩を叩き、叩かれた2人目は、同じように壁伝いに歩いて3人目の肩を叩き……と繰り返すのですが、最後の4人目は1人目が最初の位置から移動しているため誰の肩も叩けないはずです。しかし、肩を叩くことができれば、そこに幽霊がいることになり、「降霊が成功した」ということを示します。

私たち4人は真っ暗闇の中でこのスクエアを実践しました。恐る恐る順番に肩を叩いていくと……なんと4人目が誰かに触れることができてしまったのです！　「誰かいる！」と、焦った団員が恐怖で電気を点けると、目の前には魔法円の中をグルグルと狂ったように走りまくる5～6歳くらいのうっすら透けた白い裸の少年がいたのでした！　錯乱した団員は、何を思ったか魔法円の描かれた布を引っ張ってぐちゃぐちゃに丸めてしまいました。すると、その白い少年はパーンという音を立て、舞台稽古用の大鏡の中に消えていったのです。当時、一緒に儀式を行った生徒たちとは現在は連絡を取ることができないのですが、儀式直後のスタジオの様子を証言してくれる人がいます。

証言3　中本智恵美（ヨコザワ・プロダクション所属俳優）

「儀式を行おうと言い出した人と一緒に練習していた時期がありますが、彼はその一週間後、左足を骨折して入院しました。駅の階段から落ちたのですが『誰かに押されて落ちた』と言っていましたね。また、この儀式の直後くらいに鏡の前で体育座りをする白い裸の少年を複数のスタジオ生が目撃しています。最初は人がいると思ったそうなのですが、裸なので驚いたそうです」

白い手とスタジオ生の反応

スクエアでの降霊術では実体化した幽霊が体ごと出現してしまったのですが、私のスタジオで起きる心霊現象のメインは、壁・天井・床などあらゆる場所から「白い手」が出てくるというものです。おかしなことに、3〜4日に1回くらい、なんの前触れもなく出てくるというのが30年近く常態化しています。

「そんなスタジオは怖すぎて生徒が嫌がるのでは？」とよく指摘されるのですが、慣れとは怖いもので、ほとんどの生徒は手を見たぐらいでは大して驚かなくなってしまいました。むしろ「1人で演劇の練習をしていても、誰かに見られているみたいで、舞台に立ってる時のような臨場感があるからいい」と言って、白い手を歓迎する生徒もいるくらいなのです。

証言4 大久保浩（ヨコザワ・プロダクション所属俳優）

「僕は、映画だと『カイジ』シリーズ、テレビなら『西村京太郎サスペンス 探偵左文字進』、ほかには連続ドラマ『花嫁のれん』に4年間レギュラーで出演している俳優です。ヨコプロに所属して21年になるので、もうだいぶこちらでお世話になっていますね。白い手はもう見慣れたのですが、数年前に自分の都合でヨコプロに1人で泊まった時は怖かったですね。夏の夜、1人でスタジオの舞台上で寝ていたら、なんとなく嫌な予感がしてパッと目が覚めたんですよ。そしたら、天井から真っ白な手が3メートルくらい伸びていて、顔の目の前でうごめいていたんですよ。しかも、普通の人間の手の1・5倍から2倍くらいの大きさがあるので、顔がすっぽり掴めるくらいの大きさなんです。あまりの恐怖で最初は身がすくんで動けなかったのですが、なんとか立ち上がって逃げましたね。とても怖かったです」

証言5　小野佳菜恵（ヨコザワ・プロダクション所属俳優）

「えーと、何からお話ししましょうかね。ヨコザワ・プロダクションに入団して10年以上経ちますが、これまで数え切れないほどの心霊現象が起きているのでどの話がいいのか迷いますね。あ、うちに所属している生徒が全員幽霊を見ているのかどうかってよく聞かれますけど、全員ではありません。

　昼間も幽霊が出ることはあるのですが、やっぱり夜に出てくる確率のほうが圧倒的に高いんです。だから、夜に稽古をしている生徒のほうが幽霊を見ている人数が多い。うちは

100人ほど生徒が在籍しているんですが、全体の6〜7割は見たことがあるんじゃないでしょうか。でも、みんなで稽古をしていると、壁から手が出ていても気づかない子も多いので、なかなか全員が見ることはないんですよ……そこは残念なのですが。

私の場合は、部長として夜22時以降までスタジオに残って最後の戸締まりを担当することが多いので、大体3日に1度くらいは何かしら見ていますね。

最後に部屋の電気を消すとぼーっと天井から白い手が出ていることが一番多いと思います。

1メートル以上腕が出ている時もあれば、手のひらだけが出ていることもありますし、半透明の時もあればまったく透き通っておらずしっかりと白い色が確認できる時もあってさまざまです。2023年くらいからは人が立っていることも増えましたね。スタジオの奥が稽古用のステージになっているのですが、奥のほうに白い人影がぼーっと立っているんです。足もあるし、全身見えますね。服装は、白装束のような白い服を着ているように見えることが多いです。手に比べてハッキリとは見えないんですが、ボワボワボワ〜と浮かび上がってくる感じでしょうか。ほかの生徒も見ているので『最近は幽霊本体が丸々出てくるね』なんて話しています。

私個人の怖い体験ですか？　ちょっとズレるかもしれませんが、数年前にこのスタジオで横澤さんも含めてみんなで怪談話をしていたんです。すると、私のうしろのほうに人影が見えるって誰かが言い出して、気持ち悪いな〜なんて思って帰宅したその日です。自室のベッドに横たわっていると、下のほうから顔がぐちゃぐちゃに変形した血まみれの男の巨大な頭部がズズズズ……と上に上がってきて私の顔の真横でピタッと止まったんです。あの頭部は横幅50〜60センチくらいあったんじゃないでしょうか。あまりの恐ろしさに私はそのまま気絶してしまいました。後に、その日私がスタジオで怪談を話していた時間に自宅近くの踏切で男性が亡くなって首が飛んだという話を聞いたので、その霊だったのではないかと考えています。このスタジオは色々な霊を呼び寄せる力のようなものがあるのかもしれません」

降霊術コックリさんでついに会話に成功

降霊術のスクエアを行ったことで遂に実体化した霊を目の当たりにしてしまった私は、それ以降、絶対に降霊術をしないことに決めていました。しかし、転機が訪れたのは2022年のこと。オカルト系ウェブサイト「TOCANA」の元編集長である角由紀子さんが、どうしても私のスタジオでコックリさんをやる様子をYouTubeで配信したいとしつこくお願いしてくるので、とうとう根負けしてOKを出してしまったのです。内心、「降霊術をやったら今度こそ命を取られてしまうのではないか……」とヒヤヒヤしていたのですが、私も見守る中、角さんと、スタジオ生2人の3人でコックリさんを行いました。すると、天井のレールがガタガタと揺れはじめ、さらに鉄製の壁に張り付けていた強力マグネットも1メートル程前方に吹っ飛んでしまったのです。そのマグネットは、大人の力でもなかなか壁から外せないほど強い、舞台セット用のものでした。

これは、その時に行ったコックリさんの記録です。コックリさん実践者は角さん、小野さん、田中佑香さんの3名。立ち会ったのは私とフリー編集者の福田光睦さん、音声のK・Yさんです。

3人「コックリさん、コックリさん、どうぞおいでください。おいでになられましたら『はい』にお進みください」

——はい（の印に移動）

「コックリさん、コックリさん、お名前を教えてください」

——さいとう

「さいとうさんですか？」

——はい

「女性ですか？」

——男性

「何歳ですか？」

――9

（バチン、という音と共に、鉄の壁に付けていた強力マグネットが1メートルほど弾け飛び、床に落ちる。部屋全体に冷たい空気が広がり、参加者全員が悪寒を感じる）

「9歳なんですね。いつもここにいるんですか？」

――いいえ

（「おおおお～」という男の唸り声が部屋の奥から聞こえてきた。ただの唸り声というよりも苦悶の声のように聞こえる、太く低い声である）

「この場所のことが好きですか？」

――7

「（この場所に来るのが）7回目ってこと？」

――0（意味がわからない）

「今、楽しいですか？」

――おえ（意味がわからない）

（再び、「おおおおお」という男の唸り声が部屋の奥から聞こえてくる）

「今の声はさいとうさんの声ですか？」

――いいえ

「近くにほかの人はいますか？」

――はい

「何人いますか？」

――9

「9人いるんですね？」

――かな

「9かな？　9人いるかな？って意味ですか？　会話になってるね。1人くらい（姿を現して この場に）出てこれない？」

――すまない

「すまない？　ということは、姿を現すことはできないんだね。じゃあ、（この部屋の）どこにいるの？」

――（天井がミシミシと鳴る）

（突如、天井に敷き詰められていたレールがガタン！　という音と共に落ちてくる。命の危険を感じた3人が叫ぶ）

「ぎゃあああああああ！　（焦った様子で）おかえりください！」

——(プレートが鳥居に戻る)

これが初めてヨコプロで行ったコックリさんの記録なのですが、やり取りを見ればわかる通り、ほぼ会話が成立していたと思います。意味不明な返答はあるものの、聞いたことに答えようとする彼らの意志のようなものを、この時強く感じたのでした。

そして、この部屋にいる謎の存在の正体がなんなのか、会話を通じて知ることができるのではないか……私は密かにそんなふうに思っていたのでした。

証言6 福田光睦(フリー編集者・映画監督)

「当時のコックリさんの様子は僕が撮影していました。あ、最初に言っておきますが、僕は基本的には幽霊なんて信じていないし、今でも懐疑派です。でも、天井がガタガタと揺れはじめる前から、室内の気圧の変化というか、なんかキューーッという変な圧迫感を感じると同時に、天井が軋むような音がしたことに気づいてカメラを上に向ける準備をしていたのは本当です。変な人間の声のようなものも複数回聞こえましたし、確かに足元から急激に冷えてくる感覚もあったのが今でも不思議ですね。現場も検証しましたが、残念なことにヤラセの証拠は一切ありませんでした。数々の撮影現場を経験している僕からすると、あの現場であのカラクリを仕込むのは相当なお金や協力者が必要だと思いますけどね……今のところは謎です」

2022年、サカクラ・テツとの出会い

無事、死者も出ずにコックリさんが終わったことに安堵した私は、それ以降、気が緩んでしまったのか、角さんに誘われると「はいはい」とふたつ返事でコックリさんを行うようになってしまいました。そんな中、ヨコプロの心霊現象を追ったドキュメンタリー映画『三茶のポルターガイスト』を2022年に撮影することが決まり、そこでも出演者だった角さんから「映画の中でコックリさんを行えば幽霊が出るのではないでしょうか。コックリさんは撮れ高が高いので、またやりましょう」と言われ、またもや嫌な予感がしつつもOKしてしまったのでした。

そして、この撮影時に出会ったのが「サカクラ・テツ（通称てっちゃん）」と名乗る少年だったのです。彼が動かすプレート（10円玉の代わりに使っていたもの）は非常にスピーディで会話がしやすく、すぐに打ち解けることができました。話を聞いていくと、てっちゃんはかつてこのビルの下に存在した井戸に落ちて亡くなった9歳の少年だということがわかってき

ました。

てっちゃんと出会った当初、私は「てっちゃんは、このスタジオに居着いている地縛霊で、もしかしたらスクエアで鏡の中に入ってしまった少年なのではないか」と思っていました。後にそれは間違っていたことがわかるのですが、初めはそんなふうに彼のことを認識しつつも、ただただ「親しみやすい子だなあ、なぜか僕に懐いているなあ」という感覚を持っていました。

てっちゃんと頻繁に交流を深める日々

三軒茶屋に事務所を構えて30年近く経とうとした時です。散々出てきた幽霊たち、怪異現象について自然に触れ合う状態になっていた私にとって、てっちゃんの存在は特殊でした。幼少期から持っていた不思議な感覚がてっちゃんに惹かれていました。

この頃から、私は誰に誘われることもなくコックリさんを使って、てっちゃんと会話をするようになりました。時には、コックリさんなどのグッズを一切使わずに、壁に向かって話しかけるだけで、電気が明滅したりホワイトボードがグラグラと揺れるなどのポルターガイスト的な反応が起きるので、「返事をしてくれたんだな。会話ができているなあ」と実感していました。

次第にてっちゃんを身近に感じるようになった私は、スタジオに入っただけで、その日、てっちゃんが稽古場にいるのかいないのか、気配だけで存在を嗅ぎ取ることができるようになっていきました。てっちゃんがいるのは大抵、天井の上でした。

だから、外部の関係者の方がYouTube撮影や心霊現象の検証で訪れる際も、あらかじめ私がてっちゃんに「今日、手を出してよ」などとお願いしておけば、当日何かが起きやすいという傾向も見つけてしまったのでした。

そして、実際に2023年の3月13日に『月刊ムー』の編集長である三上丈晴さんや、映画監督の白石晃士さんが角さんと一緒にスタジオに検証に来た時も、私がコックリさんでてっちゃんと会話して「出てきてよ」と何度も懇願した結果、とうとう深夜に天井から白い手が出てきたのでした。

証言7 白石晃士（映画監督）

「私はまったく幽霊なんて信じていませんでしたよ。ホラー映画監督として30年生きていますが、1回も見たことがないし、見ても幻覚だと思ってましたね。まあ、幽霊なんて脳が作り出した幻想でしかないと。でも、ヨコプロに行って少し考えが変わりましたね。時間は深夜の2時前くらいだったでしょうか。その頃から、なんか天井あたりでポタポタと水が垂れているような音がしていたんですよ。僕以外誰も聞こえてないようだったから、僕1人で天井あたりをチェックしていました。そしたら、なんか白いものが見えたんですよ。『アレッ？なんか動いた気がする……？』と、周りの人に伝えたら、みんなワラワラと集まってきて。

それで、みんなで手が出ていないか天井を探したんだけど、部屋が暗すぎて何も見えない。どこだ、どこだと探しても見つからない中で、1人のメンバーが〝パシャッ……〟と、持参したカメラのシャッターを切ったんですよね。

その時！　暗い場所でピントを合わせるためのAFランプが赤く光って、それに照らされた真っ白な手が天袋の隙間から出ているのがはっきりと見えたんです！　僕は思わず手に触ろうとジャンプしましたよ。思いっきり飛び跳ねて手を掴みに行ったけど、スッと奥のほうに引っ込んでしまったんです。残念だったなあ。もちろん、すぐに天袋を入念にチェックしましたよ。でも、誰もいないし、中は舞台道具で埋め尽くされていてトリックで使えそうな物を置くスペースもないような感じでしたね。無理をすればすごく華奢な人が隠れられるのかもしれないけど、移動して逃げ込む空間はないし、もし移動したなら絶対に色んな音が鳴るはずだけど何も鳴ってなかった。それに、全員が耳を澄ましている状況で無音での移動は不可能ですよね。でも、だからってあれを幽霊だと認めたわけではありませんよ。だって、あれは人形ではないし、ホログラムでもないし、言ってしまえば確実に人の手なんですから。

それくらいハッキリと見ましたし、クネクネと繊細に動いてましたから。『でも、あそこに人はいられないはず……』という矛盾だけが残った感じですかね。なんなんでしょうね」

証言8 三上丈晴（『月刊ムー』編集長）

「当初、半信半疑でした。この目で見るまでは。出現した幽霊の手は投影したホログラフィではなく、物体として実在していた。まさに完全物質化した霊体である。1度目は天井から、2度目は床から這うように、そして3度目は棚から突き出すように白い手が現れた。2度目の手が消える瞬間、あたかもゴム手袋が畳み込まれるように収縮した。いずれも、物質化した以上、物理法則に従うはずで、学術的にメカニズムを解明する糸口になるのではないかと期待している」

証言9 豊島圭介（映画監督）

「私は、2023年の8月にこのスタジオを訪れました。死んだら無に帰すと思っていたので、幽霊の存在は信じていません。しかし、朝方の3時半〜4時ごろ、横澤さんがてっちゃんと会話をしている中で『玄関側に手を出すから、人間たちは舞台側に移動してほしいとてっちゃんが言っている』と言い出したので、『何を言ってるんだか……』と、最初は渋々移動しました。すると、散々仕掛けがないか検証したはずの床から、紛れもない白い手が垂直に、そしてクネクネと舞いをみせるかのように出てきたのです。私のこれまでの固定概念がガラガラと音を立てて崩れていったのを覚えています。開いた口が塞がりませんでしたね。そして、横澤さんはてっちゃんなのかはわかりませんが、なんらかの存在と交信していたとは思います」

証言10 千葉龍（YouTubeチャンネル「デニスの怖いYouTube」ディレクター）

「白い手を撮影しましたけど、撮ってる側として、CGとか現場での小細工などのヤラセがないっていうのは保証できるけど、あの部屋自体に仕掛けがあったら……と考えると、それが一番怖い結論だと思う。今のところ仕掛けは見当たらないけど、ちょっと信じられないくらい心霊現象が起きるから、疑いたくもなってしまう。でも、横澤さんは嘘をつきそうもない、いい人だしなあ……」

証言11 荒木田範文（『FRIDAY』記者）

「横澤さんとは以前からの知り合いだったのですが、初めて手を見た時は驚きました。映画化にあたり、雑誌『FRIDAY』の取材でヨコプロに伺ったんです。横澤さんへのインタビューが終わってカメラ類もすべて鞄にしまい、さあ帰ろうというその時、玄関先の天井から顔の前に白い手が垂れてきたんです。『気づいたら目の前にあった』という感じですかね。天井に穴が開いてそこから手が出てきたわけではなく、ただただ天井壁から半透明の手がニュルッと出てきたんですよね。あまりにも急な出現で撮影もできませんでした。なぜ帰り際に……さっきまでいくらでもシャッターチャンスがあったのに……媒体NGだったのかなと、落胆しました。本当に悔しかったですよ」

明かされたてっちゃんの正体

コックリさんを通じて、急速にてっちゃんとの仲を深めた私でしたが、彼の正体については女の子が好きな9歳で、なぜか私に懐いているということを知るくらいでした。きっと彼は恋をしてみたかったのでしょうね、なぜだか女性が来るとテンションが上がるのが私にはわかるのです。でも、本当に知りたいのはそんな彼の可愛い側面だけではなく、本当はどういう場所にいて、普段はどう過ごしていて、どのようにして白い手を出しているのかでした。尋ねてみると、てっちゃんは私にこう語りかけてきたのでした。

テツ「そもそも、僕はキミがこのスタジオに来る前からキミのことを知っていたんだよ」

私はハッとしました。ある幼少期の記憶が一瞬にして蘇ったのです。

あれは、1974年（昭和49年）4月4日、祖母の1周忌でした。父親に連れられ、利根川で川遊びをしていて泳いで向こう岸まで渡ろうとした時、溺れて死にかけたところを「不思議な手」が私の背中を押し上げたのをはっきりと覚えていたのです。渡ろうとした場所は、川幅が200メートルもあろうかという地点で、川の中央にいくほど川底は渦を巻いていたため、水流に巻き込まれて川底へ引き込まれていったのでした。

「ああ、このまま死んでいくんだな……。映画『ローラーボール』が見たかったな……」と、自分が吐く空気の泡を美しく感じながら川底へ沈んでいくなか、水底には多数の動物の骨が見えました。もう駄目だと思った時、ふっと水底から押し上げられる感覚があり、水面まで浮上したところを、その日の法事には来られないと言っていた叔父が急遽合流して、助けてくれたのでした。

水底から押し上げてくれた手……あれが「てっちゃんの手」だったということが、記憶を思い出すとともに、瞬時にわかったのでした。

私「あの時から、てっちゃんは僕の近くにずっといてくれたの……？」

テツ「もっと、ずっと前からだよ。やっと思い出したね」

私「僕はずっと誰かの存在を感じて生きていたんだよ。大学に入った時も、スタジオを経営する時も、誰かが〝大丈夫だよ〟と確実に背中を押してくれていた。それはてっちゃんだったんだね。てっちゃんは未来がわかっていたってこと？」

テツ「そうだよ。未来は別次元に同時に存在しているからだよ。僕は、キミが三茶にスタジオを構えることもわかっていたし、どんな人生を歩むのかも大体知っているんだよ。キミも死んだらわかるだろうね」

私「なんで未来が見えるの？　僕は今知りたいんだよ。死んだ後どうなるのか教えてよ」

テツ「うーん。わかった。でも僕は子どもだから、ちゃんと説明できる大人を見つけてキミの元に呼んでくるね。ちなみに、僕が呼んでくる人たちは、キミが住んでいる現世よりも80年先にいる未来人だよ」

未来人？　80年先？　何が何だかわからないまま、私の死後の世界を探究する取材がはじまったのでした。

こっくりさんの精度

てっちゃんが連れてきてくれたさまざまな幽霊たちとはコックリさんを通して会話をしていました。私のもともと持っている霊感もあってかコックリさんを起点に手放しでお話できる幽霊もいました。そうして見えてきた死後の世界は、本当に誰も想像もつかないようなものでした。自分でも「え、死んだら本当にこんなことになるの……？」と、驚きを隠せない話が続きます。読者の皆様の中にも「勝手に話を作っているのではないか？」と懐疑的に読まれる方もいらっしゃると思うので、私のコックリさんの精度について証言者の方々に語っていただきました。

証言12 三上丈晴（『月刊ムー』編集長）

「横澤さんは死者と交信できていると思います。聞いたことに対して、ちゃんと相手が答えている。指定した場所から物質化した霊が現れるのは、その証拠だ。両者の間には信頼関係が見てとれる。実に興味深い」

証言13 豊島圭介（映画監督）

「横澤さんが1人でコックリさんを行いながら〝そこにいる〟と言った場所からさまざまな現象が起きたのは自分の目で確認しました。〝指し示した場所にいる〟ということは、裏を返せば、それは横澤さんがやらせをしている可能性にも繋がるのですが、そもそも複数のカメラを設置して手を捉えようとしているわけですから、わざわざ『ここに出ます』と言わなくても撮影できるため、そんな演出をするほうがリスキーなんですよ」

証言14 角由紀子（編集者・YouTuber・オカルトライター）

「私も横澤さんと一緒にこっくりさんを行っていた時のことです。とある事件の加害者が降りてきたことがありました。『警察 殺した 血みどろ 叫んだ』などの言葉が出てきた後に、某地名と某加害者名が出てきました。私も横澤さんもその事件について知らなかったので、初めは何の話かわからなかったのですが、国会図書館で調べたりSNSで情報を募ってみたところ、これらのキーワードに合致する事件がありました。加害者の名前は当時の新聞や報道でも伏せられていたので非常に調べにくい状況でした。結果、検索では見つからないような専門サイトで名前が見つかり、確かにこっくりさんで出てきた名前だと確認しました。

また、ヨコプロを舞台とした映画『三茶のポルターガイスト』で、カットしたシーンがあります。横澤さんがコックリさんを行っていると、てっちゃんが急にその時撮影していたスチールカメラマンのTさんに用があると言いはじめたのです。そして『彼は埼玉県のU市に住んでいて、今日コインランドリーに行っていたね。その姿を僕は見た』と、コックリさん上で出てきたのです。Tさんに確認すると『なぜわかったのだ⁉』と驚いていました。Tさんは既婚者で子どももいることをSNSで公開しているので、もしあらかじめ横澤さんが彼の情報を調べて当てようとしていたならば、自宅で洗濯している生活が思い浮かぶはずです。それが、非公開の地域、そしてコインランドリーというキーワードを当てていました。その精度の高さに震えましたね」

コラム1

世界各国の死生観

いよいよ死後の世界についての取材をはじめる前に、世間一般の常識や死生観について少しまとめておきます。というのも、幼い頃から多少霊感があり、幽霊を見ることもたびたびあった私ですが「死後の世界」についてじっくりと考えたことはなかったからです。ですから、改めて、各国の宗教では死後の世界はどんなふうに捉えられているのか、何冊かの本をもとにまとめてみたいと思います。

各宗教の死生観

キリスト教

世界で最も信仰する人が多い宗教であるキリスト教。過去・現在・未来が同時に存在する永遠の場所に存在する神が創造した宇宙で各人は一度限りの人生を生き、同じ自分のまま天国か地獄で永遠に生きると考えられている。

キリスト教の死生観は、死が存在しない楽園にいたはずの人間（アダムとエバ）が、蛇にそそのかされたことによって神に禁じられていたにもかかわらず「善悪を知る木」の実を食べてしまうことに起因する。禁断の実を食べてしまったアダムとエバは、罰として死ぬこと、お産の苦しみ、労働の苦しみを科され、楽園から追放されてしまうのだった。だからこそ、キリスト教では人間は生まれた時から「罪人」と考えられている。これがいわゆる「原罪」だ。

各人が死んだ後は、「最後の審判」を受け、そこで、天国か地獄かの永遠の住処が決まり、やり直しはない。神の教えに従った者は天国へ。教えを破り、エゴイスティックな人生を送ると地獄に行く。そして、キリスト教には輪廻転生といった考えは存在せず、人類の罪を背負って死んだキリストの再臨を待っている状態なのだ。

また、カトリックでは、天国でも地獄でもない「煉獄」という場所が存在し、生前の罪の償いが終わるまでそこで浄化が行われる。

ちなみにダンテの「神曲」では、地獄には9層あり、地獄を旅したのち、黄金の鳥に乗って煉獄に行き、そこで罪を清める人々が目撃されたとある。さらに、天国に行くと、10の天体を目撃することになり、賢い人が住む天体、善行をした人が住む天体などそれぞれが輝いていたそうだ。

ちなみに、神が創造した天使が自ら堕ちていった存在が悪魔である。

イスラム教

世界ではキリスト教の次に信仰する人が多い宗教であり、キリスト教と同じく、もともとユダヤ教から派生した宗教なので「一神教」であることなど類似点も多い。しかし、死後の世界についてはキリスト教のように多くのステージがあるわけではなく、死後小さな審判が行われ、世界の終わりに改めて「大審判」を受け、永遠の住まいが決定される。

天国には酔わない酒や蜜の川が流れ、望むものはなんでも手に入るとされる。天国に行くためには現世での「信仰の告白」「礼拝」「喜捨」「断食」「巡礼」の5つが定められている。ただ、断食や礼拝を多少怠っても、その分善行を積めば帳消しになるシステムもある。

仏教

もともとインドで仏教が誕生した時点では「死後の世界」の概念そのものがなく、インド哲学やヒンドゥー教に倣い、死んだら間髪入れずに人間や動物や虫に生まれ変わるという教えだった。そして、当時のインドではどんな場合でも生きることは「苦」であると考えられていたため、ずっと輪廻し続けるという仏教思想はとても辛いものがあり、人々は必死で「本当の死」を追い求めていた。そこで「解脱」を成し遂げたのがブッダだったのだ。しかし、そこから、中国に仏教が渡ると一気に「死後の世界」のイメージが作り上げられた。

死者は死後すぐに真っ暗闇の場所に辿り着くが、そこから旅がはじまる。いわゆる「冥土の旅」である。800里くらいの山道を歩いて7日目に最初の王に会い、生前の行いについて叱られつつ、三途の川の渡り方を教えてもらい（初七日）、14日、21日、28日……と別の王様に叱られ、35日目に閻魔大王に会い、49日（四十九日）まで裁きを受け、天上界から地獄界まで六道の世界を転生し続ける。49日でも裁きが決まらない場合は100日、1年（1周忌）、2年（3回忌）に別の王に裁きを受ける。

この、六道の世界を転生し続けるという考え方が、「六道輪廻」だ。どの世界に生まれ変わるかは、現世での行いによって異なり、煩悩が無くなるまでぐるぐる回るとされる。悪いことをした人ほど、悪い世界に生まれ変わり、最悪の場合、地獄に落ちるが、1兆6千億年以上たてば抜け出せる可能性があるとされる。

そして、極楽浄土には四苦八苦はなく、往生すれば不死になることもできる。

ただ、日本で確立された仏教では死んだ後しばらく「中有」と呼ばれる中途半端な状態になると考えられており、「追善供養」が重要になった。

ちなみに「お盆」の起源は中国の盂蘭盆教や日本古来の風習である魂祭りで、死んだ人は近くの山から子孫を見守っていて、年に2回子孫の元にやってくると考えられていた。お盆の場合は32年間は「精霊」として子孫の家に行くが、その後は祖霊に溶け込み、生前の自我は消失するといわれる。

また、お通夜で線香を絶やしてはいけないといわれるのは、煙が死後の世界の道標になるからである。2本あるとどちらに進めばいいかわからなくなるため、1本がいいといわれている。

仏教での来世の行き先　六道輪廻

①最も苦しみの多い「地獄道」

地獄道は現世で罪を犯した人が生まれ変わる世界。地獄道は8つの階層にわかれており、下へ行くほど長い時間をかけて処罰を受けることになる。処罰の期間は短くても1億5千万年以上で、いずれの階層も苦しみが多いことが伺える。地獄で受ける激しい苦しみはこの世の苦しみの比ではないのだ。

②飢えにより苦しむ「餓鬼道」

強欲で、ケチで、人の幸せを妬む自己中心的な人が行く世界で、常に飢えに苦しむことになる。餓鬼には36種類あり、飢えから子どもを食べたり、糞尿を食すこともある。最終的には、骨と皮だけになり、それでも苦しみながら生きなければならない辛い世界だ。

③弱肉強食に怯える「畜生道」

人を妬んだり、他人から施しを受けるだけの怠惰な人は、狐、狸、蛇、蛙、鳥などの動物や昆虫に生まれ変わる。生前、性欲に溺れた者は蛇や狐に。金欲に溺れると黒蛇に。怠け者は狸に転生させられるともいわれている。我々が知る通り弱肉強食の世界で、食べることや繁殖にしか興味を示さない。

④争いが絶えない「修羅道」

心の狭さで人を傷つけたり怒りの感情を抑えられなかった者が修羅道に行く。鬼神は、好戦的な鬼として知られる阿修羅《あしゅら》であり、1日に3回戦いに出ることになるため心の安定は得られないが、基本的な生活に不自由はない。

⑤苦しみも楽しみもある「人間道」

人間道は、今我々が生きている世界だ。多くの死者はこの人間道に生まれ変わる。幸せや楽しみがある一方で、「不浄」「苦」「無常」の三苦が常に隣り合わせにある不安定な世界。ただ、六道の中では、唯一仏法が聞ける可能性があるため、仏の教えを学べば解脱できる可能性も高まる。

⑥最も楽しみの多い世界である「天道」

生前、善行を積んだ者だけが行ける楽園のような場所。寿命も900万年近くあり、神通力も使え、悲しみも争いもない世界だ。しかし、解脱はしていないので、いずれ転生する宿命は変わらない。その時、あまりの居心地のよさに、「死にたくない」などの欲が出てくる者がいるという。完全なる極楽浄土ではないのだ。

ヒンドゥー教

世界三大宗教のひとつ、ヒンドゥー教。そのベースとなっているのが、インド最古の聖典「リグ・ヴェーダ」を基にした宗教であるバラモン教だ。バラモン教では、唯一神「ブラフマン」が宇宙を創造し、数多いる神はその化身にすぎないとされている。つまり、この世のすべてがブラフマンの一部ということになる。だが、個々の生き物たちにもそれぞれ感情があるため、これを「アートマン（我）」という。そして、一度死んでもそのアートマンを持った存在として何度も生まれ変わるとされている。前世で悪行をすればその影響が現世におよび、さらに現世での行為が来世に影響する。これがいわゆる「カルマ（業）」である。生まれ変わる先は、動物や虫、魚、植物などさまざまである。

亡くなる際は、この世に未練を残さずに新たな道に進むことが重要とされ、壮大な葬儀を行った後は、聖なる火で焼かれ、天界に通ずるといわれるガンジス川に骨を流す。

インドではベナレスのガンジス川左岸が天界に最も近い場所だと考えられている。

神道

神道は開祖も教義も経典も救済もないため、宗教といえるのかは微妙なところだが、日本に根付いた思想のひとつである。

神道のもととなる日本神話には、この世と地続きの薄暗い地獄のような世界＝黄泉の国が登場する。ここでは生前の行いに応じてさまざまな苦痛が与えられるが、この世界はまた現世の投影でもある。

天国は海の向こうにあるとされ、永遠の命と不老不死が約束された「常世の国」や、神々がいる「高天原」が天国だといわれている。不思議なことに高天原は地上にあった可能性も指摘されており、奈良県御所市高天や宮崎県の高千穂町、長野県の高天原などがそれにあたる。「人が死ぬと、その魂は山へ向かう」という「山中他界」も神道の考え方で、人は死ぬとまず魂が「葦原中つ国」（日本という意味）という低い場所に行き、浄化されると山の上に行くと考えられていた。最初は穢れを持つ「死霊」になるが、子孫が祀ることで浄化され、「祖霊」になりその祖霊がさらに浄化されると「氏神」になり、生きている人の近くにいて家を守ると考えられている。つまり、死者は黄泉の国に行かない限り、全員神になるというのが神道的な思想だ。

江戸時代後期の国学者である平田篤胤は、研究によって死後の世界は「冥府」にあると考えた。冥府とは生きている人間には見えないけれど、死者にはすべてが見える特殊な場所のことで、地上のあらゆる場所に存在しているそうだ。

儒教

先祖から子孫へ連続しているひとつの生命体（家）が存在し、個人はその小さな部分に過ぎない。先祖の命＝自分の命＝子孫の命なので、個人として死んだとしても、子孫の中に永遠に生き続けることができる。儒教では独身はあり得ず、結婚して子孫を残すのが当然とされ、先祖の行為が子孫の幸不幸を左右するといわれている。

いかがでしょうか？　てっちゃんが私に教えてくれた死後の世界は、これらのさまざまな思想と重なる部分もあります。一体どんなものなのでしょうか。死が確定した先には何があるのでしょうか？　天国と地獄は本当にあるのでしょうか？

第2章

死後の世界

30年間交流した幽霊が伝えた真実

ではいよいよ、てっちゃんに聞いた「死後の世界」を説明していこうと思います。
ここから書く内容は「てっちゃん、および、てっちゃんの知人である別世界の有識者」が、コックリさんを通じて霊界について教えてくれた話です。私の意見や、空想ではありません。

今回、こっくりさんを実行するにあたり、私はなるべく自分の意識が影響しないように体調を整え、瞑想をして挑みました。自分が期待している死後の世界とまったく違う話を聞かされても、それを否定せずに正確に聞き取るためです。さらに、一度取材して聞いた内容をほかの霊にも事実確認のために聞いて、ファクトチェックを重ねました。その中で、複数の霊たちが「これが正しい」と認めた霊界の話をまとめています。

幽霊が説く「生と死」

まずはこの章を読む上で基本となる前提をまとめていきます。

●生とは=脳に微弱な電気が流れ、意思や意識がある状態

人体には「生体電流」という微弱な電気が流れていて、脳の神経細胞（ニューロン）は、

その電気を使って情報伝達しています。この生体電流は個々人で伝達速度、情報処理速度などが異なることから、生体電流がその人の性格そのものです。そして、この電流がなくなった時、人は死んだことになります。

●魂が宿る時期とは=脳に神経細胞が形成される妊娠9ヶ月頃

妊娠3ヶ月目くらいに脳細胞が形成されはじめ、9〜10ヶ月頃には脳とほかの神経細胞とのネットワークが形成され、肉体的にも頭・胴体・四肢などの各パーツがはっきりしてきます。この時期に「魂」が宿ります。

●死とは=脳に電流が走らず、意思や意識がない状態

脳に電流が走らなくなると、死が確定します。

●魂とは=心の中の神様

魂と神様は同じものを示すそうです。今、我々が生きている世界では、神様は1人だけだとか、数人しかいなくてとても偉い人だと考えられているけれども、実は自分の心の中にある魂がそもそも神様なんだそうです。そして、死ぬ時にこの魂がどれだけ美しい色や形を保っ

ているかどうかを、自分自身でジャッジするのが死後の最初の作業だといいます。

死んだ後の4ステップ

では死んだら実際にどのような段階を踏むのか、まとめていきます。

死後ステップ1　脳が魂になる

死が確定すると、生前の意識が消え、その代わりに魂が脳まで浮上します。同時に、生前の倫理観や価値基準なども消え、もともと備わっていた感覚だけが残ったフラットな状態になります。

死後ステップ2　自分の魂で自分をジャッジする

死の直後から、生前の意識レベルが魂レベルへと変化し、生前の行いを自らジャッジしていく準備をはじめます。魂とは、1人ひとりの中にある神様を意味しているので、自分で自分をジャッジしたとしてもそれは神様が下した審判ということになるそうです。

死後ステップ3　魂の形を確認する

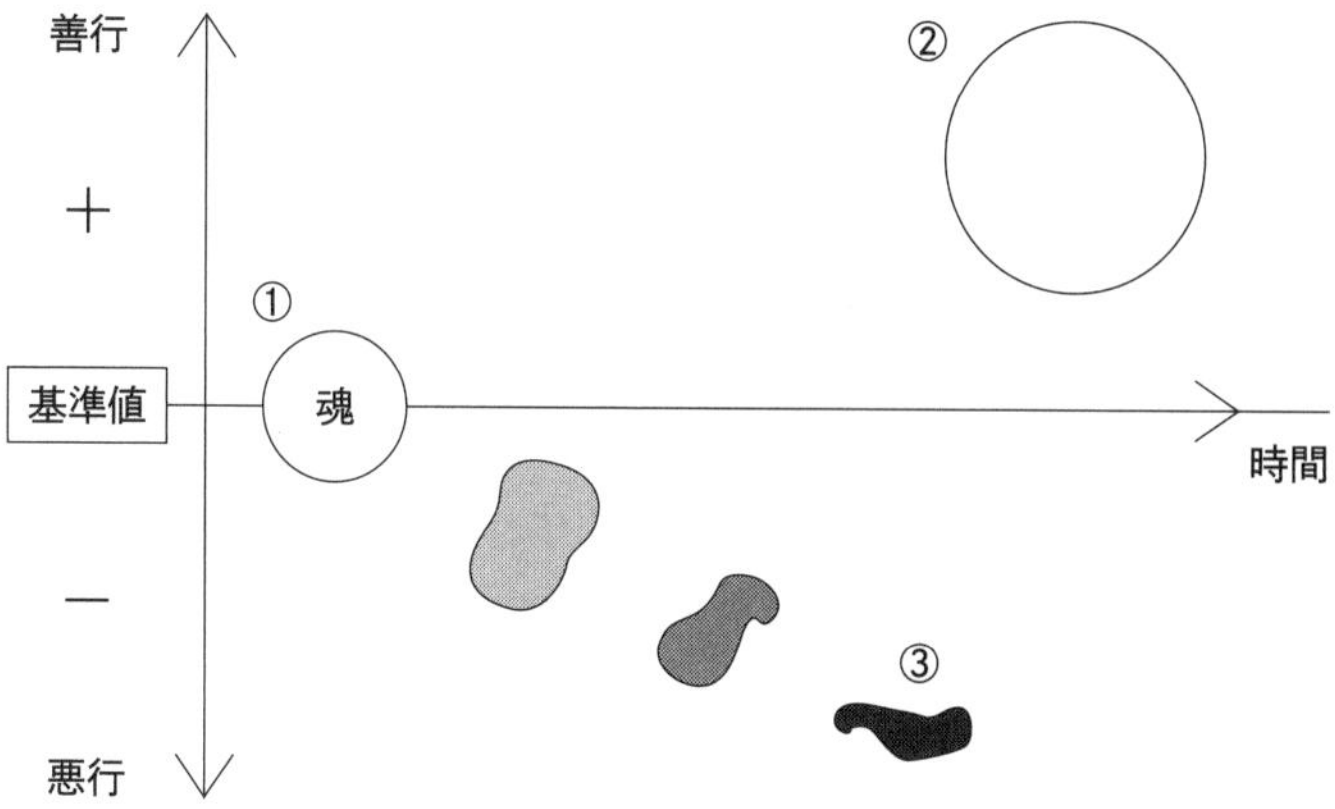

図　魂の形のイメージ

本来の魂はとても美しい色をした丸い存在。しかし、生前の行いが悪いとどんどん薄汚れていきます。自分で形や色を採点し、魂のレベルを決定するのがステップ3です。具体的には〈図　魂の形のイメージ〉を参照ください。

①人間が生まれ持った本来の清らかで丸い球体の魂。基準値。

②生前に善行を積み重ねた人間の魂の例（評価がプラスに加算され、形も大きく綺麗な球体を描いている）。

③生前に殺人など非道なことを行った人間の魂の例（評価がマイナス域に達し、形も歪である）。

死後ステップ4　選択

形を確認した後、魂は近くにある水辺に移動すると同時に4つの選択肢が与えられ、次の行動を決めていきます。水辺というのは、今我々が見ている川、沼、湖などです。最上川や利根川など古くから流れる川に魂が移動するのです。選択肢は次の4つです。

1　生まれ変わり
2　生命体（現世で霊と呼ばれるもの）
3　エネルギー体（現世で霊と呼ばれるもの）
4　守護神（現世で守護霊と呼ばれるもの）

死後の世界に天国と地獄は存在せず、あるのはこの選択肢のみだそうです。死んですぐ、この4つの中からどの進路を選ぶべきか、魂が自問自答をはじめます。もし生命体を選んだ場合は以下のようなやり取りになります。

魂「今から死後の選択をしなければならないが、この世に未練はあるのか？」
自分「ある」
魂「未練があるなら、49日間生命体になって、生まれ変わるのか、エネルギー体になるのか、守護神になるのかを決めなさい」
自分「生まれ変わりを選びます」
魂「では、水の中に入りなさい」

そうして水の中に入ると同時に、生まれ変わる準備が整うのです。ではこの4つの選択肢について具体的に説明していきます。

死んだ直後に訪れる4つの選択肢

①生まれ変わり(転生)

「生まれ変わり」は魂を成長させるための最良の選択です。これを選んだ場合、次の空間で前世で築いた魂のレベルに合った家庭環境に割り振られます。点数の高い魂は恵まれた環境に、点数の低い魂は劣悪な環境に生まれ変わることになります。

高い確率で自身のDNAに近い血縁関係の家庭に生まれ変わるため、我々がよく聞く「先祖を大事にする」という考えは善行を積み重ねることですから理にかなっているそうです。ただ、生まれ変わる場所は、現世とは違う別空間になります。また、生前に血筋を超えるほどの偉大な功績を残して人生をまっとうした人は、その行いに見合った環境に生まれ変わります。常に魂レベルに合うキャスティングをされるそうです。

②生命体（幽霊。49日間限定でこの世を彷徨える存在）

生命体は、肉体が消滅して残った幽体と似た位置付けです。「生命体」というと、何か実体がありそうな印象を持つかもしれませんが、体は持っていません。あるのは魂と過去の記憶のみ。生前のオーラのようなものだけが残った状態です。

生命体になることを選んだ場合、49日間だけ現世に留まることができ、会いたい人に会ったり、行きたい場所に赴いたり、現世への思い残しをなくすために活動しながら、次に「生まれ変わる」のか「エネルギー体」になるのかを悩むモラトリアム期間が与えられます。

ただ、その49日の間に「この人のためなら命を捧げられる」と思えるほどの人間に運命的に出会った場合、その人の魂に宿り、守護神になることができます。しかし、その人間の肉体的な死と共に、守護神は永久に生まれ変わることはできない「エネルギー体」になることが確定します。

③エネルギー体（幽霊、浮遊霊、未成仏霊、地縛霊）

エネルギー体は、一般的に語られる幽霊のことです。「地縛霊」や「浮遊霊」と呼ばれるものも、このエネルギー体です。生前、著しく魂のレベルが低い場合は、エネルギー体になることが最初から決定してしまい、生まれ変わることもなく、永遠にあてどなくこの世を彷徨うことになります。

生前に抱いていた強い念だけが残り、それ以外の記憶が消え、人間界を去ることもできない上、次の世界にも行けず、成長もなく、無意味な存在です。空虚な時間を過ごすことで魂のかたちをさらに汚していき、原形すら留めていない場合があります。

生命体と違うのは、冷静な記憶を失ってインパクトの強い記憶しか持っていないことです。死ぬ瞬間だったり、誰かを恨んでいた記憶だったり……。一般的によく聞く心霊現象で、幽霊が人間に向かって「死ね」などネガティブな言葉を囁くのも、自分の死に囚われているからです。

また、迂闊に心霊スポットに行くのは危険だといわれるのも、エネルギー体はもともと魂のレベルが低い状態で亡くなった人が多いからです。

一方で、本来、生まれ変わりを選べたはずなのに、エネルギー体になる者もいます。49日間、生命体として現世に留まった際に、やはり思い残したことが多すぎることに気づいて、この世への執着が生まれた場合です。何者かによって殺害された人間などは、犯人が捕まるまで見届けたいと思ってしまうだろうし、災害で亡くなった人は家族が心配で49日以降も残ろうとしてエネルギー体になってしまうことがあるのです。

しかし、エネルギー体になっても魂の形が美しければ、生まれ変わりへのステップへ進めることもあります。誰かに祈ってもらったり、自力で半導体（後述）を探して空間を移動することができれば、彼らにも生まれ変わるチャンスが与えられるのです。しかし、時間が経ちすぎるとチャンスはどんどん遠のきます。この世への執着がますます強くなり、魂の形が乱れてくるからです。

亡くなった人が49日を過ぎてもこの世に残っているような気がする時は気をつけてください。彼らには我々の声が聞こえていますから、「どうか、この世のことは忘れて次のステップに行ってください」とお願いしてあげてください。

④守護神（守護霊）

守護神は一般的にいう守護霊です。ですが、霊というよりも神に近い存在だとてっちゃんは話しています。生命体として49日間現世を浮遊している際に、守るべき人を見つけてその人に宿り、その人間の死と同時に自分はエネルギー体になる存在です。守ってもらった側の人間は、死んだ際に守護神が持っていた魂の点数分が加算されます。

守護神は、その犠牲心の見返りとして、生命体の中でも高いレベルの存在となり、ほかの空間（後述）に自由自在に行き来することが可能になります。たまに、血族関係もないまったくの赤の他人が守護霊としてついている人がいますが、その人は49日の間に運よく見初められた人です。ですが、守護神は、必ず永遠に守り続けてくれるわけではありません。宿った人間が殺人など道を外れた行動を犯した場合、その人間から離れてしまいます。

魂レベルの上げ方

魂のレベルを上げるには2点重要なポイントがあります。生前に「犠牲」を払うこと、そして「向上心」を忘れないことです。自分の欲を度外視して誰かのために尽くすことが魂を美しく育てていきます。誰かに無償の愛を捧げるのもいいでしょう。また、「自分なんて……」と諦めずに、良い人間になろうと努力することが魂の向上にも繋がります。

生前の行いが悪い場合、たとえ「生まれ変わり」を選んだとしても、次に進む空間で非常に厳しい環境下に生まれ変わってしまいます。でも、できることならば未来を恐れずに「生まれ変わり」を選択したほうがよいそうです。劣悪な環境に生まれ変わったとしても、「向上心」を失わなければ魂が成長するチャンスがまた巡ってきます。人間は「最後まで希望を持つことができる唯一の生き物」なので、向上心があればあるほど、魂レベルは上がっていくのです。

殺人と自殺はいけない

生前に殺人を犯した者や自ら死を選んだ者は、減点数が非常に高いので気をつけましょう。窃盗や暴行ももちろん罪ですが、殺人と自殺は大幅に減点されます。なぜなら、自殺は他殺でもあるからです。自分という存在は自分だけのものではなく周りの人がいることで成り立つ存在です。その自分を殺すことは周囲の人々を殺すことにも繋がるのです。但し、精神疾患による回避できない自殺や、戦争での殺人は減点に含まれないことが多いようです。戦争の場合は、国や家族を守るためという〝犠牲心〟が働いているからです。行為そのものだけではなく、その時の心の状態がジャッジに大きく影響を与えるのでしょう。

生命体やエネルギー体が出没する場所

生命体やエネルギー体の人々がいる世界は、現世です。エネルギー体なので普通の人々の目には見えず、霊能力が高い人だけに見える存在です。けれども、エネルギーを得ることができれば現世で姿を現すことが可能になります。そのエネルギーが「電気」「水」「人間の霊能力から出る微弱な電気」です。これらの資源が豊富にある場所を、本書では「半導体」と呼ぶことにします。

説明が難しいのですが、魂には直流電流のようなものが流れているそうです。この直流電流を交流電流に変えることで、エネルギー体は特定の場所に留まる「引力」を得ることができ、生きた人間に近い振る舞いができるようになるといいます。

ですから彼らは常に、直流での電気を交流に変換する「インバーター」や「半導体」のような場所を探しているのです。静電気の多い場所や鉱物などエネルギーを持つ石が多い場所、あるいはヨコプロのような特殊なスポットは、死者からみるとこの電流変換スポットである

「半導体」らしいのです。

場所によっては半導体の影響で実体のようなものが見える場合もあり、その日の気候や環境によって濃淡も変化するそうです。たまに霊感がない人でも幽霊が見えてしまう事例がありますが、多くの場合はこうした半導体との関係が影響しているのかもしれません。しかし、それは実体ではなく、ただの幻想であることも覚えておいてほしいとてっちゃんは言っています。物質化はしているのだけれども、それは、死者の記憶が物質化しただけであり、実体そのものはないのだそうです。

そもそも魂って何？　魂の起源

魂は神様だという話をしましたが、ではその魂の起源はなんなのでしょうか。

答えは「感情」です。

驚くべきことに、人間は初めから魂を持っていたわけではなかったそうです。進化の過程で感情が育ち、言葉が生まれ、言葉が生まれたから感情が豊かになって魂が生まれたのだといいます。

元来、孤独を好む性質であったはずの猿人が、現在の我々のような人間に成熟したきっかけは、数百万年前に絶滅の危機に瀕し、互いに助け合う必要に直面したその時に「感情」が生まれたことでした。言葉が発生する前は、歌でコミュニケーションをとっていたという説もあるのですが、食事や狩りなど、異なる状況で歌われる複数の歌から同じ文節を抜き出し、状況に共通する意味を持たせることで、言語が発達し、言語を使うことでより感情が豊かになっていったのです。

言語が生まれると大きな群れができるようになり、それと同時にコミュニティ意識が芽生え、「協力」の精神が生まれました。それ以前の競争の激しい生活では、知識＝力であり、貴重な情報を他者と共有するなどあり得ないことでしたが、協力がはじまると、仲間で情報を共有したほうが遥かに質の高い情報が得られ、生きやすくなることがわかっていきました。危機管理方法や、狩りで獲物を素早く捕らえる方法など……。つまり、貴重な情報を他者に分け与えるという「犠牲」をはらうことで、最終的に自身の利益に繋がることを人間は知ったのです。

さらに人間は、精神的な進化も遂げ、やがて一切自分の利益を顧みない、純粋な犠牲心や慈しみの心が生まれてきました。それが今日の宗教に繋がっています。

魂の起源は「感情」。そして、魂の正体は「犠牲」なのです。

動物には感情はあるが魂はない？

人間以外の動物などほかの生物にも親が子を守る自己犠牲の精神がありますが、それは動物の生存本能から出た行動であって、多くの場合は深い感情や思考は働いていません。しかし、人間には、例えば海で溺れている人がいた時に、自らを顧みず助けに向かうといった思考が働きます。そういった自分ではない何かのために思考する感情、それが魂と呼ばれるものの正体なのです。稀に動物でもそうした行動に出る場合があるので、彼らが魂のレベルを上げていけば人間の階層に生まれ変わる可能性があります。

魂を蝕む「悪魔」の存在

極端な罪を犯して色や形が変形した魂には、「悪魔」が取り憑きやすい恐れがあります。
悪魔は、境界線のヘリのようなヘドロのような場所に存在しているのです。

例えば、Aさんが亡くなったとしましょう。そのAさんの魂レベルはとても低く、ギリギり生命体として49日間現世にいる選択ができるラインです。この時、悪魔が「自分に似たような魂の形だ」と狙いを定めたら、Aさんの魂にくっつくことができてしまうのです。

悪魔が魂にくっついてしまうと、Aさんの生命体（幽霊）として、我々のいる現世に出てしまうことができるのです。ただ、悪魔も、生命体に取り憑いただけでは、四十九日の間しか現世に留まっていることができないので、できることならば生きている人間を狙います。「こいつならすごい悪さをするだろう」という人間を見つけ出し、就寝時など無防備な瞬間に、Aさんを離れて生存している人間の魂に〝べたっ〟とくっついてしまうのです。

悪魔はとても気まぐれで、好き勝手に人を選んで取り憑くのです。大禍時《おおまがとき》や出来心という言葉は、そんな悪魔の存在から生まれたものだそうです。

負の感情が悪魔を引き寄せる

悪魔が取り憑きやすい人の特徴とは、負の感情を持っていることです。

「何か悪いことをしてやろう」と企んだ時に人間から出てくる禍々しい感情を悪魔は常に監視しています。ただ、悪魔も、人選ミスを犯すことがあるそうで、取り憑いた先の人間が、何か悪いことをしようと思っているだけで行動に移すことができない根性なしだった場合、悪魔にとっては都合が悪い上、その人間が脳死するまで離れられないため、殺すことがあるというのです。

悪魔に取り憑かれて死んでしまう人は悪魔が「用済み」だと判断した人物ということになります。

ほかにも「自死しようとしている人」「メンタルが弱っている人」などは悪魔に目をつけられやすいので気をつけましょう。清らかな心さえあればはね除けられるので、どんなに落ち込んでも「悪い人間にはならないようにしよう」と心がけることが大切なのです。

ただ、日本には海外ほど強力な悪魔は存在しません。なぜなら、戦争を仕掛けるための「軍隊」を持っていないからです。とても強力な悪魔がいる国は、キリスト教の最大宗派カトリックの総本山であるイタリア、次いでアメリカだそうで、それ以外にも核保有国は総じて悪魔の数も多く、力も強いといいます。

ではなぜ、悪い存在である悪魔が存在するのか……。彼らは、「地球のシステム」をまわしていくための必要悪なのです。地球のシステムについては後述します。

守護神をつける方法

守護神をつける方法、知りたいですよね？　守護神がいる人は、何か困った時には助けてもらえますし、死んだ後も、守護神分の点数が魂のレベルに加算されます。

ではどうすれば守護神に振り向いてもらえるのでしょうか？

答えは、「たくさん恋愛をすること」だそうです。とにかく「モテる」ことが大事。周りから愛される人間や華のある人間は、数値化できない利点だから価値が高いそうです。また、人と付き合うエネルギー自体もとても尊いものだそうです。

霊たちは「モテまくっていいから隣人を愛せ」と言っています。今の時代にそぐわないアドバイスかもしれませんが、不貞をしていても全員から愛されているならば浮気もＯＫだと言っています。この後にお話をします生まれ変わった先の世界では、どうせ自由な恋愛はできません。現世でできるだけ多くの人を愛し、愛される人の方が、霊たちからは好まれるようです。

そして、愛のある極上のセックスをすることも「向上心」として評価されます。好きなことをして自分を磨き、隣人に愛されることが一番重要なことだと言っています。お金も、自分のためだけではなく、人から感謝されるような使い方を覚えたほうがいいと言っています。

これは、あくまでも今我々がいる世界のルールではなく、霊界での評価です。ですが、成功者を見るとモテる人が多いですよね？　そういう人に守護神はついているのかもしれません。

守護神をつけるために、もうひとつ重要なことがあります。それは、「弱者に寄り添う気持ちを忘れてはいけない」ということです。身近に存在する困っている人を助けたり、ボランティアに参加することは魂のレベルを上げる行為なので積極的に行いましょう。また、フードロスに繋がるような食べものを粗末にする行為はとても評価が下がるので、今すぐやめることです。人や社会と分かち合えないような生き方は、守護神から嫌われます。常に、地球全体のことを考え、隣人を愛し、モテまくれば守護神が振り向くのです。

生まれ変わった先の世界

さて、我々は死んだ後、ほとんどの人が結果的に「生まれ変わり」を選ぶことがわかりました。ここからが本題です。生まれ変わった先にはどんな光景が広がっているのでしょうか？

答えは、「現世である第一空間から80年先にある第二空間に移動し、そこで生まれ変わる」です（73ページ図参照）。

そして、第二空間で死んだらさらに80年先の第三空間へ、第三空間で死んだらさらに80年先の第四空間へ。第四空間で死んだらまた第一空間に戻る……と、人間は魂レベルが最高レベルにまで向上しない限り、240年の時限空間を永遠に回り続けるそうです。第四空間まで到達しても、魂が「真理」を学んでいない場合は第一空間からやり直しとなります。

私にもまったく想像がつかなかった死後の世界の構造です。でも、だからこそ霊たちは未来を予測して我々にメッセージを送ることができるのです。

同時に存在する4つの世界

てっちゃんによると、今現在、地球には同じ大気圏内に4つの並行世界が存在しているそうです（左ページ図参照）。各空間は、合わせ鏡のように互いの世界をうつしており、それぞれの世界が地球の秩序を保つために連動して動いています。

第一空間から第四空間まで、空間が進めば進むほど秩序を保とうとする力が強くなり、行動の制限や監視が厳しくなっていきます。この4つの空間のひとつでも欠けると地球はバランスを失い、現在の環境を保てなくなるというのです。

なぜ4つの世界ができたのか？

まず、死後の世界の話とは別に、地球には自然界のバランスを維持するための「動的平衡」が働いていることを覚えておきましょう。動的平衡とは、絶え間ない流れの中でバランスの取れた状態のことで、崩壊に向から構成成分を先回りして分解し、崩壊する速度よりも先に再構成し続けることでバランスが保たれていることをいいます。我々人間の場合も、細胞を先回りして壊し、分解と合成を繰り返しているからこそ生きていますが、まさにその状態で

空間の時間軸イメージ

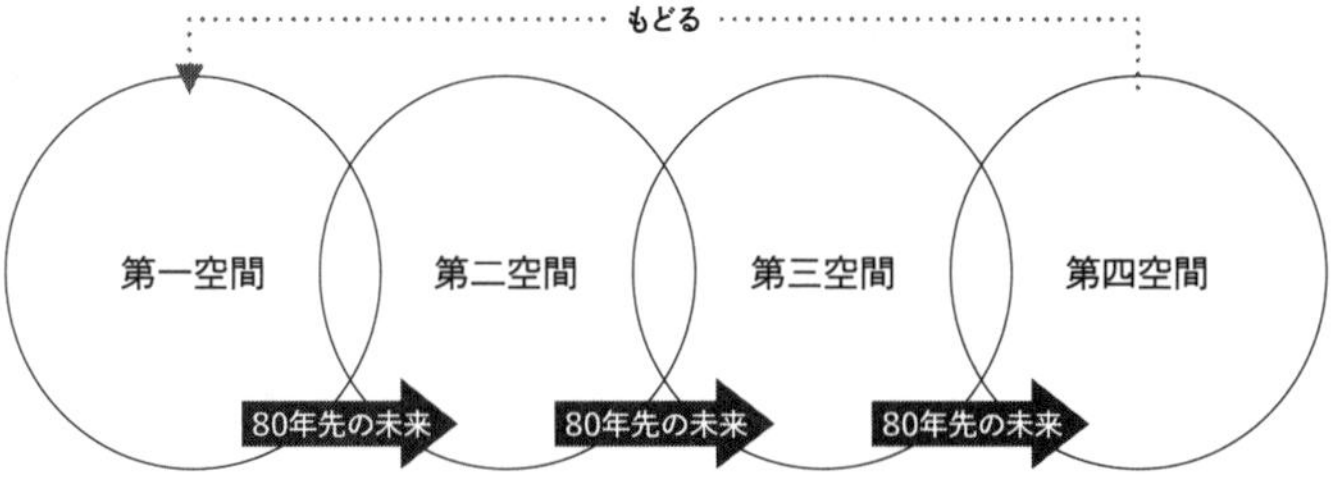

・240年の時限空間を永遠に回り続ける。
・行き場のなくなった魂のエネルギー体が複数の空間を形成した。
・あくまでイメージ図で、実際にはきれいにわかれていない。

空間の存在イメージ

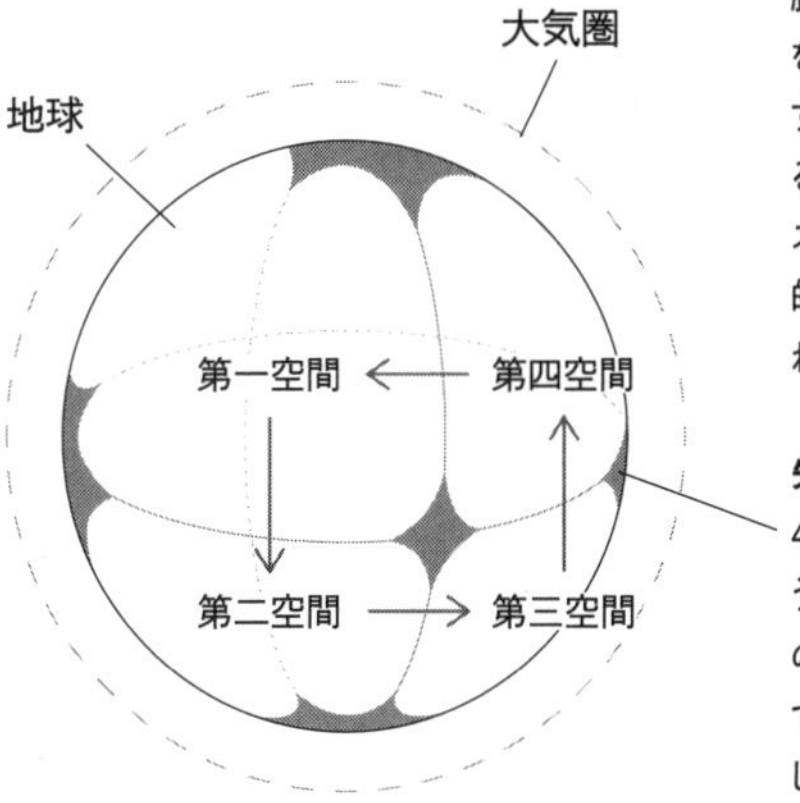

生まれ変わり別空間へ

脳死直前のジャッジで「生まれ変わり」を選択した場合は次の空間へと移動する。第四空間からは第一空間になる。人間の優劣（善行、悪行のバランス）で人間社会が成り立っており、動的平衡のために空間移動により保たれている。

失踪空間

4つの空間に隙間がなく圧力をかけあうと破裂してしまうため、それぞれ空間の間には欠損箇所や切れ目が存在している。失踪空間の入口であり、神隠しとも呼ばれる。

図　4つの空間の関わり合い

す。危機を先回りして察知して、それを回避するための働きがそもそも地球にはあるのです。

しかし、人類は誰も予測ができないスピードで進化しました。地球すらその進化スピードについていけず、動的平衡を壊す宿命にあったのです。

それを防ぐためにできたのが、4つの空間でした。この空間を創り出したのは、我々の魂です。魂にも動的平衡が働いているので、地球のピンチを察知した魂たちは、苦肉の策で空間を分割し、地球にかかる負担を減らすシステムを創り上げたといいます。

我々が今生きている現世（第一空間）は、ほかの空間と違って秩序を保たせようとする力が弱いため、地球環境の保全には向いていないから、第二の空間ではやや直そうとする力が働き、第三、第四と続くことで、動的平衡が保たれ、やっと地球が滅亡せずにいられる状態を保つことができているのです。

時折、我々には計り知れないところで世界が修繕されているように感じたことがある人はいないでしょうか？

本来であれば、第一空間は温暖化どころではなく灼熱地獄になっていたり、食糧不足で滅亡寸前の危機に瀕しているはずなのですが、どうしてだかギリギリ崩壊には至っていないですよね？　それは、第二～第四空間が規則正しい生活を送ってくれているからなのです。彼らが秩序を維持するために努力しているからこそ、得られている平和だったのです。

地球上から悪人がいなくならない理由も動的平衡にあります。悪がなくなると、4つの世界にわかれた意味がなくなってしまいます。すべてはバランスです。地球を良くするために4つの世界でバランスを取ると同時に、4つの世界が存続するためのバランスも取られているのです。また、悪を学ばないと善も学べないため、魂の成長には悪が必要なのです。

定期的に戦争やパンデミックが起きて人口が大幅に減るのも、この4つの世界のバランスが関係しています。不幸な出来事も必要悪として存在しているのです。

第一空間（現世）について

第一空間とは、現世の空間のことです。

本来、人間は地球に生かされているのですが、第一空間の人々は人間が地球を動かしていると思い込んで、好き勝手に自然を破壊し続けています。4つの空間の中で秩序が一番乱れている空間です。人は欲にまみれ、娯楽もあふれています。華やかで楽しい世界ではありますが、地球の保全には向いていません。

そして、俗にいう「天国と地獄」は、生まれ変わった先の環境を指します。お金や愛情、才能豊かな環境に生まれた人間はまさに天国で、逆に、戦争や紛争の絶えない国で生まれた人間や、虐待や育児放棄など劣悪な家庭環境の中で生まれてくる人間は地獄を見ることになります。

天国や地獄は実は死後の世界ではなく、生まれ変わった先にある空間のことなのです。第一空間で天国のような環境に生まれた人は、第四空間での生き方が評価されたということです。

第二空間とは？　現世から80年先の世界

〈全体像〉秩序が保たれた空間

第二空間は、第一空間で死んだ魂が生まれ変わる先の空間です。第一空間と比べて秩序が保たれています。人間同士では秩序が保てないため、ＡＩが発達している世界です。ＡＩの統治する世界共通の法律によって、常に言動、行動が監視されています。また、罪を犯すと名前が特定されて顔が公表されるため、犯罪を犯すリスクが高くなります。

５人以上で集まることは禁止されています。複数人で集まる際には必ずＡＩロボットが監視することが義務づけられるので、大規模な組合などは作ることができません。また、仕事中や授業中だけでなく、移動中などの会話もＡＩの監視対象で、自由に会話することができません。

〈食事〉決まった時間に食べる

第二空間では、決まった時間にしか食事を摂ることができず、隠れて食事を摂ると罰せられます。第一空間では、遺伝子を組み換えることにより、食品産業は大きな進歩を遂げましたが、この空間では、遺伝子組み換え食品や食品添加物は禁止されています。

第一空間より食べものの種類は減り、全国展開するようなファミリーレストランや居酒屋、ファストフード、コンビニエンスストアもなくなります。今の日本のような飽食国家は世界中のどこにも存在しません。

〈住居〉建物は10階建てまで

人間が住む場所にも制限があり、決められた場所での生活を余儀なくされます。建物の階数も決められ、10階建て（31メートル）までとされています。

〈恋愛〉離婚は前科一犯

過剰な男女の接触もＡＩによって監視され、自由に恋愛することができません。結婚は18歳からすることができ、離婚は前科一犯の罪を背負うことになります。2回以上の離婚は死刑。不倫は、発覚次第逮捕され、終身刑になると定められているようです。このような罰は、法律や宗教などは関係なく、すべてＡＩによって一括管理されています。

ただ、恋愛や結婚に関する価値観自体は第一空間とあまり変わらず、好きな人を愛する気持ちに違いはありませんし、ラブホテルなども営業しているそうです。

〈家族〉人口調整が行われる

第二空間では、人口の調整のために、世界的に一人っ子政策のようなものが行われているそうです。また、ある程度の金額を支払えば、本来は家族でなくても、家族として認められるケースもあるそうです。家族愛は第一空間と同様に存在しています。

〈娯楽〉5人以上のスポーツはなくなる

スポーツをすることは可能ですが、5人以上の集団を作ることができないので、人数の多いスポーツはかなり減っています。映画・舞台などは配信型に変わり、人が集まらないように制限されています。さらに、映画や舞台の内容もＡＩが検閲するため、好きに作品を作ることはできません。

〈生産業〉決められた量で管理

漁業や農業は、地区によって捕獲量や生産量が決められています。林業も伐採量は国が決めます。温暖化の影響で、農作物の作り方も変化しています。雨風の被害を避けるシステムが作られ、その対策パネルが農家一軒一軒に国から支給されます。

農業は国が支援する事業として、補助金や支援金などが得られるため、人気の職業となります。無理な生産は行わずに、土壌改良で農地を広げて、生産量を増やす対策が取られます。

〈車〉年間の走行距離を制限

ガソリン車はなく、電気自動車や水素自動車のみ存在します。農林水産に関わる車以外は、年間の走行距離が国で決められていて、車検は一年ごとになります。車検の際に走行距離のリミッターをつけるため、制限を超えると車が勝手に動かなくなります。自動運転は当たり前。ドライブレコーダーが四方八方、外側だけでなく内側にも取り付けられているので、事故や犯罪が少ないのが特徴です。車の生産数も国で決められており、一台の価格が、第一空間の価格の倍近く高くなります。

〈法律〉地球環境の保全を優先

地球を汚すような行動を取ると即逮捕されます。地球基準の行動が求められるのが第二空間です。

第三空間とは？　現世から160年先の世界

〈全体像〉厳しい言論統制

第三空間は、第二空間よりもさらに厳しい監視社会になっています。個人が特定できるもの（マイナンバーのようなもの）がＡＩに紐付けされており、生活のすべてが監視対象になります。不適切な発言をすると警告音が鳴るシステムが導入されています。鳴っている最中に「撤回します」と言わなければ即刻逮捕される世の中で、厳しい言論統制が特徴です。独裁者のような人間を出さないために、知恵を持った人間をＡＩが排除していく世の中でもあります。

〈食事〉食品改良の禁止

第二空間と同様に、食事の時間は制限され、食品を改良することも禁止されています。飲食店の数も国が決めています。

〈住居〉平屋のみ

住居に関しても、第二空間と同様に制限され、建物は平屋のみとなります。高い建物は一切なくなるのです。

〈恋愛・家族〉指導を無視すれば死刑

男女の接触は一切禁止されています。結婚はＡＩによって決められた相手としか許されず、離婚はできません。子作りもＡＩが管理し、指定された適齢期に産まなければなりません。離婚ができないこの空間で不倫を行うと、即刻死刑になります。

離婚以外でも、ＡＩからの指導を無視した時点で死刑となります。反抗的な人間が多いと秩序が乱れるため、刑罰がより厳しくなっているのです。

〈娯楽〉一切禁止

第三空間では、エンターテインメント類は一切禁止されています。スポーツも映画もアニメも舞台も音楽もありません。洋服の色やデザインも種類が少なく、とにかく芸術が育たない空間です。

〈仕事〉第一次産業が国家公務員

ＡＩによって就職先が指定されますが、基本的にＤＮＡをもとに振り分けられるため、ほぼ家族と同じ職業にしか就けません。また、地球環境を意識した企業しか存在しない世の中です。第三空間では、農業、漁業、林業、畜産業は行政の国家公務員となり、秩序正しい仕事をこなすと国から称えられます。

〈車〉自由に車を持てない

第三空間では、走行距離は第二空間より制限されます。ドライブレコーダーに搭載されたＡＩの監視もより厳しくなっています。車の種類も減っていて、車を持つには使用目的などを明確にする義務が課されます。１人１台車を自由に持てる世の中ではないのです。また、たとえ車を購入できたとしても、10年は買い換えられません。

第四空間とは？　現世から２４０年先の世界

〈全体像〉宗教でエリア区分

第四空間は「宗教」が統治する世界です。

人々は宗教によって隔離されたエリアごとにわけられ、お互いに交わることがありません。第三空間まで使われていたＡＩは廃止され、「魂は地球に生かされている」という精神のもと、自然保護に生きる世界です。

ＡＩは資本主義的な発想から生まれた人間の欲の産物であるため、本当の意味での秩序が成立しなくなってしまうことに気づいた世界です。本当の意味での秩序とは、欲をなくしていくことです。

そのため、第四空間では思想を宗教で抑え込みます。知恵も何も持たずに、言うことを聞かせようとする世界で、まさに映画『ミッドサマー』のような環境です。また、第三空間で世界の人口がだいぶ減るので、第四空間では全体的にさらに人口が減っています。

会社も存在せず、各エリアが自給自足で暮らしているため、職業は農業しかありません。学校で教わる五教科（国語・数学・理科・社会・英語）などの学問もなくなり、学べることは、宗教の考えに沿った倫理と道徳のふたつのみです。

〈生涯〉70歳で自死義務

異空間を含む「地球全体の人口」を削減するため、70歳で自死することが義務付けられています。もしも当事者が自死を拒否したり、家族が自死拒否者を隠蔽した場合、当事者は即座に死刑に処された後、家族も隠蔽の罪で隔離され、一生見せしめにされてしまいます。この空間での死刑執行役は、第三空間でレベルが低かった魂の持ち主が生まれ変わり、務めることになります。

隔離先は、自力では抜け出せない巨大な穴の中。暗闇に包まれたその穴の中は、収監された人間で埋め尽くされており、排泄物は垂れ流しの状態でとても臭い上に、入口は蓋で塞がれて僅かな酸素しか入ってこない状態です。人間同士の共喰いが行われることもある劣悪な環境です。

〈住居〉建材の制限

この空間では、衣食住のすべてが宗教指導者によって管理されています。建物は、その場所の環境や風土によって、使える建材が制限されています。

〈食事〉自給自足

第四空間には国という単位が存在しないため、自給自足が当たり前になります。エリアごとに宗教が異なるため、禁止される食品も変わります。

〈恋愛・家族〉18歳で結婚

18歳で必ず決められた相手と結婚をし、離婚や不倫といった考え自体が存在しません。家族が一番だと考える世界です。大家族を作ることも許されてはいるのですが、医療機関が少ないため、子どものうちに亡くなるケースが多いようです。

〈娯楽〉一切なし

娯楽は一切なく、あるのは祈りのみ。第四空間では、各エリアごとでみな同じ制服を着ていて、それ以外の着用は認められていません。

〈車〉馬などに代わる

第四空間は、地球を守るためにより原始的な生活になります。車はなくなり、馬などの乗り物を使っています。

このように、第一空間から第四空間にかけて秩序を保つための力が強くなります。ですから、第一空間では魂のレベルを損なわずにできるだけ自由を謳歌したほうがいいのです。

第一空間から第四空間すべてを管理する存在

人間は死後のジャッジで点数が低い者は悪魔になる可能性があると述べましたが、逆に点

第一空間 **現世**	現世にあたる空間。秩序が一番乱れており、第四空間の存在によって保たれている。本来、人間は地球に生かされているにもかかわらず、第一空間の人間は気づいていない。人間が地球を動かしていると思っている。
第二空間 **防備・防犯社会** (行動の抑制)	第一空間より秩序が保たれている。核がなくなる。人間同士では秩序を守れないため秩序を保持するためにAIが発達し、世界共通の法律が存在する。罪を犯した人は、名前と顔が特定され公表される。組合を作れない。裁判を起こせない。第一空間に比べ、行動(運動)を抑制される。5人以上で集まる場合、必ず監視AIをひとつ用意することが義務付けられる。食事をする時間が決まっている。
第三空間 **防備・防犯社会** (言論の抑制)	第二空間より秩序が保たれている。AIによる監視がより厳しくなり、不適切な発言や行動をすると警察に捕まる。収監人数が多くなり日本本土ではなく離島に集められる。秩序を保つため刑罰が厳しく意識的に人口削減を行う。言論の抑制があり、常に偽善をまとった話がベースになる。食事で出されるものが決まる。
第四空間 **宗教社会** (思想の抑制)	第三空間より秩序が保たれている。思想の抑制。地球に生かされているという精神で、自然保全に生きる。環境保全のため、乗り物は決められた者しか乗れない。より強固に秩序を保つために宗教の力が強い。AIの力が弱くなる。人口を一定に保つために罪の基準がより厳しくなる(第一空間～第三空間で許される内容も処刑に該当する)。

図表　4つの空間の社会概要

数が高い場合は、「鳥」に生まれ変わる可能性があります。魂（神）が、神レベルだと認めた魂を持つ存在です。この鳥は、４つの空間を行き来できる珍しい存在で、神のような位置付けとなっています。

見た目は、マダラハゲワシ（※）のような大きな鳥です。第一空間から第四空間の４つの空間に4羽、合計16羽いて、各空間の東西南北に1羽ずつ存在し、東は発展、西は経済、南は知識、北は健康を監視しています。それぞれが役割を担いながら、４つの空間を行き来して管理しています。

鳥には不思議な言い伝えがあり、実際に、紀元前３０００年前から「魂は鳥である」という考えが各地に存在していました。日本でも、『古事記』に「天鳥船《あめのとりふね》」という神が登場するなど、「鳥が死者の魂を運ぶ」という考えが古来から定着していました。鳥と魂には深い繋がりがあるのでしょう。

※霊魂を天界へ運ぶ鳥とされている。全長1メートル、羽を広げると3メートルある。長寿命であり、繁殖が遅い。上空1万メートル以上高く飛ぶことができ、世界最高峰の山である

エベレストを遥かに凌ぐ。地上1万1278メートルで飛んでいた飛行機との衝突事故の記録がある。生態系を守る上で重要な役割を担っている。ライオンなどの食べ残しを屍食しながら暮らし、「サバンナの掃除屋」ともいわれている。人間の4倍の視力を持ち、地上1000メートルからでも獲物を捕らえることができる。1分で1キロもの肉を食べるとされ、体内の殺菌能力も高いため、死骸に害虫が群がっていたり、感染症が蔓延するという事象を防いでいる。

神隠しに繋がる「失踪空間」の存在

以上が死後の世界のお話でした。ほかにもいろいろ聞いたので、まとめたものを紹介しますね。

皆さんも「神隠し」という言葉を一度は聞いたことがあるのではないでしょうか？

古くから日本に伝わる、人間がある日忽然と消失する現象です。神域である山や森で、子どもが行方不明になったという話は昔からよくありますよね？

神隠しにあった彼らがどこにいるのかというと、「失踪空間」です。

4つの空間が押し合っていることで大きな圧が生じ、空間と空間の間に圧を逃がすためのスリットのような裂け目ができているのです。それが失踪空間への入口です。時空が離れた空間と空間を繋ぐワームホールともいえるかもしれません。

失踪空間は、光のない真っ暗闇の世界です。出口がどこにあるのかもわからず、食料もないので、出られない場合は、そのまま失踪空間で餓死することもあります。運よく出口が見つかっても、第一空間・第二空間・第三空間・第四空間のどこに出るのかは運次第です。

多くの人々が失踪空間で亡くなっているといいます。しかし、時間と共に圧も変化し、遺体がスリットから出て空間内に戻ることもあります。骨の一部だけが発見される事件などは、失踪空間に行ってしまっていた可能性があるというのです。

神隠しに遭いやすい場所

失踪空間がどこに出現するのかというと、第一空間・第二空間・第三空間・第四空間に共通して存在する景色がある場所です。山や川などの絶景といわれる自然や、長年残っている心霊スポットや廃墟は、違う空間にも同じ景色が存在する可能性が高いので、失踪空間が存在する確率が上がってしまうのです。

山中での神隠しや、登山家の行方不明、心霊スポットや廃墟での行方不明は、この失踪空間に入ってしまった可能性が非常に高いのではないでしょうか。いまだに日本の行方不明者が年間約9万人近く存在することを考えると、失踪空間に滑落した人は思いのほか多いのかもしれません。

三途の川について

三途の川は、現世とあの世を隔てる境目にあるとされる川です。

これも、「失踪空間」と同様に、各空間に共通する誰も手を付けていない自然の景色の中にあります。てっちゃんによると、三途の川には、電流が流れていて、そこに入ると、一気に電流が魂に流れ込み、生まれ変わる準備をはじめるといいます。死んだ直後、魂の自問自答が行われる場所も水辺です。

49日間、生命体として現世にいた者は生命体としての形で三途の川に入り、すぐに生まれ変わりを選んだ者は魂の形のまま三途の川に入ります。

臨死体験者の中でも、三途の川を渡ろうとして、川に浸かったにもかかわらず現世に戻れた人はかなり稀であり、奇跡だそうです。

地球の景色は鏡によって作られている？

地球についても驚くべき情報を得ました。

私たちが普段目にしている、星空や青空といった景色は、地球を覆っている鏡によって作り出された景色だといいます。なんと私たちは、鏡を使って作り上げられた空を見ているというのです。

地球の球体の周りに東西南北に1枚ずつ鏡があり、4面が合わせ鏡になって現在の景色を作り出しています。鏡の裏にも鏡が存在して、それもすべて合わせ鏡になっています。

この鏡は、人間の脳では到底及ばない技術で作られたもので、鏡であることがわからないくらいに、とても巨大だといいます。

宇宙も同様に、地球の鏡と宇宙の鏡の合わせ鏡によって屈折し、映し出された景色に過ぎず、太陽系の惑星などの美しい配列も、地球人が宇宙を認識できるようにわかりやすく〝見せられた〟もので、本当の太陽系は別の姿をしているといいます。

宇宙人は地球を欲しがっている

宇宙人は、遠く離れた別次元にいる存在です。彼らは魂を持たず、合理主義に生きていて、最先端医療や、空間移動に関する知識など、豊富な知恵と経験を兼ね備えた、人間の何百倍もの頭脳を持った存在です。

しかし問題は、宇宙人にも、個体ごとに人格や欲があり、大規模な宇宙戦争を起こしかねないことがあるそうです。そのため、自分たちの欲望のエネルギーを逃がすためのモデル惑星が必要なのです。そのひとつが太陽系です。地球のような騒々しい惑星から、生命の存在しない静かな惑星まで、あらゆるモデル惑星が揃っています。これらの惑星のエネルギーを鏡で反射させ、宇宙全体の秩序を保つために利用しているのです。すべては繋がっていて、それぞれのエネルギーがバランスよく保たれるように計算されているのです。

また、太陽系の中でも、知的生命体が育った地球は最も注目されている惑星です。だからこそ宇宙人は、地球が誕生した頃からたびたび地球を訪れては、地球人に知識を与え、観察し、現在も干渉しに来ているといいます。

最終的な目的はひとつ、環境が整った地球の引き渡しと、人間の奴隷化です。彼らは、奇跡のような星である地球が欲しいのです。

もしも、宇宙人が地球に襲来し、何か和平条約のようなものが提案された場合は気をつけたほうがいいそうです。結果として、全地球人が一瞬にして奴隷になり、地球の環境を補修するための強制労働が強いられるといいます。

実は、既に地球を手に入れようと、宇宙人は何ヶ国かのトップと交渉しているのですが、「核兵器」の存在があるため、交渉が思うように進んでいないのが現状だそうです。宇宙人にとっても、地球人の知能の発達や魂の誕生は誤算で、これほどまでに引き渡しが難航するとは予想もしていなかったそうです。

宇宙人には地球人を一瞬にして絶滅させる兵器はあるのですが、なるべくならそれを使わずに、地球を汚さないまま奪いたいわけです。ですから、交渉して奴隷化する道に導きたいわけですが、そうなると、人間は侵略してくる宇宙人と戦おうと奮い立ち、命を懸けて家族や国を守ろうとするはずです。宇宙人にとっては、これが怖いのです。

人間の過去の歴史を学んでいるため、自分以外の何かのために立ち上がる人間の底知れぬ原動力を知っています。この犠牲心は、魂を持たない宇宙人には理解のできない力なので、宇宙人は計画的に侵略することができないのです。

悲しいことに、宇宙人は決して友好的な存在ではないのです。もしも、「性格がいい宇宙人」と会った人がいるとすれば、それは宇宙人ではなくて精霊や神様など別の存在です。いわゆるエイリアンが来る時は、地球の侵略以外にないといっています。さらに、一般人が宇宙人と出会うチャンスはほぼないといいます。

宇宙人に会いやすい場所は海や山、飛行場

とはいえ、時折地球を訪問している宇宙人と会ってしまうことはあるでしょう。特に会いやすい場所は、海や山、飛行場だそうです。日本だと、浮島が一番会いやすく、宇宙人が訪ねて来ることが多いそうです。世界的には、ナイアガラの滝、ロッキー山脈、ヒマラヤ山脈など失踪空間がある場所とほぼ同じだといいます。

これは、私が実際に目撃した宇宙人の形ですが、外側はマシュマロのようなもので覆われており、その中に本体がいます。目の形は一般的に知られている宇宙人の姿そのもので、例えるならばバッタのような大きくて真っ黒な目をしています。

あれが、精霊だったのか宇宙の存在だったのかはわかりませんが、私には宇宙人のように感じられました。

コラム2

スピリチュアル界・哲学・科学の死生観

世界の宗教以外に、世界のスピリチュアルリーダーたちが説く死後の世界、哲学・科学における死生観もまとめてみました。

エマニュエル・スウェーデンボルグ

彼は、飛行機の設計図を歴史上初めて書いたヨーロッパの偉大な科学者であり、スウェーデンの政治家でもあった人物だ。霊界研究の祖でもあるスウェーデンボルグは、自ら体外離脱をして霊界を旅し、30年近くをかけて取材した内容を『霊界日記』に記している。

スウェーデンボルグが見た霊界

・死＝霊にとっては新たな旅立ちに過ぎない。もともと肉体という入れ物に入っていた霊が外に出ることを指す。

・あの世には「天界」「霊界」「地獄」の3つが存在する。そのどこに行くのかは、誰かの審判によるものではなく自分で決める。
・死後、2〜3日は現世にとどまる。
・導きの霊がやってきて、意識や想念の交換をし、死んだことを自覚して死者として次のステージに行くことを理解する。
・天国と地獄の間に位置する中間領域＝「精霊界」に行く。精霊界は山と岩場の間にあり、人間の世界に似ていて死んだことを忘れるほどの混乱をもたらす場所だ。そして、天国か地獄に行くのかを自分で「選別」する。
・精霊界では生きていた頃とほぼ同じ顔や記憶を持っていて、昔の友人や肉親と再会することもあるが、天界に行くと、生前の記憶もほぼなくなり、より美しい内面の顔が表に出てくるようになる。
・天界は3つの層があり、いずれも時間や空間が無く、ただ〝状態の変化〟があるだけ。そして、神の愛を反映している太陽があり、現世の太陽以上の光を放っている。一際美しい鳥も存在する。
・地獄も3層にわかれていて、深くなればなるほど邪悪な霊が存在する。地獄を選んだ者は押しなべて自己愛が強いため、争いが絶えない。
・地獄に行く魂も自らの望みに応じて地獄を選択している。

出口王仁三郎

新宗教「大本教」の教主であった出口王仁三郎が大正～昭和初期にかけて、トランス状態に陥った状態で語った心霊世界をまとめた本に『霊界物語』というものがある。

・霊界には、天界と地獄界と中有界の3つの世界が存在し、各界の中でさらに上中下の3段にわかれている。

出口王仁三郎が見た霊界

・中有界は最初に死者が行く場所で、そこに49日間留まることになる。
・霊魂は中有界にいる間に、本性が隠せる「外分」という状態から本性だけの「内分」という状態になり、天界に行く準備も同時にはじまる。
・天国に行くか、地獄に行くかは自分の本性で決まる。
・天界には、同じ価値観を持つ魂同士が集まった無数の団体が存在し、そのどれかに属して暮らすことになる。
・天界は苦悩がないため、魂のレベルが上がらないので霊魂は転生を望むようになる。
・天界に住む人々は、死亡年齢にかかわらず男性は30歳くらいの見た目、女性は20歳前後の姿で暮らす。彼らが結婚して子どもが生まれると、それが人間界の母体に宿る。

・転生方法には種類があり、神が使命を持って生まれる「降誕」、天人が降る「生誕」、人の霊魂が人間界に戻る「再生」、動物霊から魂が向上して人間になったり、人間が動物になる「転生」がある。最も一般的なのが、人間から人間に生まれ変わる「転生」。

・生まれ変わると前世の記憶は消える。

一般に浸透している霊能者の考え方

エッセイストの佐藤愛子さんが死後の世界について書いた本『私の遺言』（新潮社）では、日本の心霊業界における一般的な死後の世界の認識をこうまとめている。

〝人が死んで肉体が消滅すると幽体が残る。その幽体は、人が生きている時に周りに纏っているいわゆる〝オーラ〟と呼ばれるエーテル体である。そして、まずこの世と非常によく似た世界で、この世の記憶や欲を引きずったままの「幽現界」に行く。一般に、死後四十九日の間は死者の魂は「この世」にいるといわれるが、正確にはそこが幽現界だ。

その幽現界の上に「あの世＝幽界」があり、そこへ上ったことを「成仏した」と表現している。いわゆる未成仏霊や浮遊霊と言われ、この世で目撃されている幽霊は、自らの死を受け入れられず、幽現界に止まってしまった霊だといわれている。死者は現世にいた時の心の波動によって行く場所が決まり、心の波動が高ければ幽現界を通り越してまっすぐに幽界へ行けるが、そういう人は極めて稀で、たいていは四十九日を過ぎても幽現界に留まっているという。幽現界から幽界へステージを上げ、そこで霊界へ上る心境に達すると自発的にエーテル体を捨ててアストラル体となって霊界へ上る。〟

このほかにもたくさんの死生観が世の中には存在していて、類似点もあればまったく違う方向性のものも存在することがわかりました。

スピリチュアル界の死生観まとめ

・霊界には階層があるとする場合が多い。
・死後、すぐに霊界に行くわけではなく、中間層がある。
・心や魂にはレベルが存在する。

デカルトの哲学

近世哲学の祖でもあるフランスの哲学者デカルトは、身体が死んだ後も魂は不滅であることを証明しようとした。なぜなら、物質の存在は疑えるが、心の存在は疑えないからである。したがって、物質がなくても心は存在できるというのが証明の仕組みだ。星も太陽も肉体も本来は存在しておらず、すべて「悪魔」によって存在していると思い込まされているだけの可能性があり、物質界そのものが存在していない場合もあると考えた。しかし、今考えている自分の存在だけは否定することができないため、「今この瞬間の私の心」だけは確かに存在していると考えた。

現代の自然科学の考え

現代の自然科学では、世界に物質以外のものは存在しないと考えられている。電磁波やエネルギーなども物質の性質の一側面である。自然科学では魂の存在は計算に入っておらず、心＝脳＝物質だと考えられている。

とはいえ、科学的にも「臨死体験」自体は存在することがわかってきた。だがそれは決して神秘体験ではなく、脳科学で証明できるものだと考えられている。

臨死体験の流れ

以下は、一般的な臨死体験の流れだが、必ずしも11個の要素すべてがあるわけではなく大体この中のいくつかを体験したと語る人が多いといわれている。

1　医師による心臓の停止の宣告が聞こえ、病室が見えるなど意識が覚醒している。
（その時の状況を正確に語れる人が一定数いる）

2　心の安らぎを感じる。

3　ブーンという音など、不思議な音や音楽が聞こえる。

4　空間に「隙間」が出現し、トンネルのような筒状の空間の中を通る。

5　物理的肉体を離れる。

6　体外離脱をする。

7　死んだ肉親や友人など他者と出会う。見ず知らずの美しい人間や子どもを見る場合もある。

8　強烈な光やとても美しい光の存在に会う。

9　自分の過去の人生が走馬灯のように見える。
10　三途の川など死後の世界との境界を見る。
11　「帰りなさい」と言葉をかけられるなど、象徴的な出来事があり、肉体に戻る。

これらの臨死体験について、脳科学では心肺停止後に血中の酸素濃度が低下し、脳が酸欠状態になると、脳の神経細胞が傷ついたことにより、脳における抑制性と興奮性のバランスが崩れて臨死体験をするのではないかと考えられている。

・心の安らぎ＝血中酸素濃度の低下によるエンドルフィンの放出。
・不思議な音や体外離脱、走馬灯＝大脳皮質、特に自分の体の位置や外界との関係を認識する側頭葉の活動によるもの。側頭葉は記憶に深く関わる海馬も含まれるので、走馬灯を見ることもある。
・光の存在＝そもそも、通常の視覚では外界から目に光が入り、それが電気信号に変換され、さらにそれをパターンとして読み取って脳が形を作り上げ知覚的補完（加工）して世界を見ている。しかし、そのバランスが崩れるために、光の存在が見えてしまう。

こうした体験と脳の働きの関連はＬＳＤなどのドラッグを使用した実験でも徐々に解明されつつあり、昨今では神経伝達物質セロトニンを分泌させる脳内物質「ＤＭＴ」が発生すると臨死体験と非常によく似た「リアル」な神秘体験ができることがわかってきている。

こうしてまとめてみると、ひとくちに死後の世界と言っても、宗教・スピリチュアル・哲学・科学などさまざまな分野で自由に考察されてきた三千大千世界であることがわかります。

参考文献

『死後の世界』（漫画　しりあがり寿　文　寺井広樹　監修　島田裕巳　辰巳出版）
『眠れないほど面白い死後の世界』（並木伸一郎　王様文庫　三笠書房）
『死んだらどうなるのか？　死生観をめぐる６つの哲学』（伊佐敷隆弘　亜紀書房）

第3章

死後の世界Q&A

素朴な疑問の一問一答

死後の世界についてはさまざまな疑問があるかと思います。私だってにわかには信じられませんでした。そこで日常生活で感じる疑問についていろいろと尋ねてみました。答えてくれたてっちゃんの関心やその時の気分で回答にムラがありますが、もらった答えをランダムに置いておきます。ここで言う「幽霊」とは、前章でも説明した生命体とエネルギー体のことを指しています。

愛する人と死後に会える？

記憶を持ちながら生まれ変わることはほぼないので、会えないことが多いでしょう。また、生まれ変わると容姿も変化するので、出会っても気づく可能性は低いでしょう。けれども、愛する人を想い、心枯れるまで悲しくてもずっと誰かを愛しく思う気持ちが消えないことは、清らかなエネルギーとして魂のレベルが上がっていきます。愛する人の死は、あなたの魂の浄化に力を貸してくれているのです。

だからこそ、悲しみのどん底で荒んだ生活を送り続けるのではなく、勇気を持って次のステップに向かうべきなのです。それが、愛する人の死を無駄にしない生き方でもあります。

一方で、四十九日の間は愛する人に会える可能性がかなり高いのも事実です。

四十九日の間は現世に未練を残した人がお別れに来る期間です。

半導体を探して現れることが多いので、愛する人に会いたい人は、水場を増やしたり、鉱物を家に置いたり、静電気が起きやすい環境を作ったり、霊感の強い人間を呼ぶといいでしょう。

うまくいけば、本人の声やかたちが聞こえたり見えたりするかもしれません。

また、四十九日の間は最後のお別れの期間であることを皆さんも自覚しましょう。彼らが未練を残して「エネルギー体」を選ばずに「生まれ変わり」を選択できるように誘導するのが残された者の務めでもあります。

ですから、できる限り、彼らのメッセージを汲み取ろうと努力をしてみてください。思い残すことがある場合は、声が聞こえてきたり、文字が浮かび上がったり、夢枕に立つなど、相手も努力して伝えようとするはずです。

愛する人からメッセージが受け取れなかったとしても、悲しむ必要はありません。きっと彼らは「生まれ変わり」を選択し、次の人生を歩む決意ができたのです。

重要なのは、残された者が彼らの足を引っ張らないことです。
感謝の気持ちを伝えること、次のステージへ向かう彼らの背中を押すことが何よりも大切な行動です。

幽霊が好きな食べものは？

幽霊は水以外のものは食べられません。

幽霊はどんな姿をしている？

基本的に、死んだ時の姿です。交通事故で亡くなった人は、その時の血だらけの姿で出てきます。

幽霊は孤独なのか？

意思ある幽霊同士が長時間近くにいると、エネルギーのぶつかり合いで消えてしまうので、身近な友達を作ることはできないそうです。

幽霊に性欲はあるのか？

生前、性欲が強かった場合はセックスを求める場合があります。

幽霊に上下関係はあるのか？

浮遊霊や地縛霊にも、上下関係は存在します。浮遊霊は半導体エリアに集まって少しでもエネルギーを得ようとする傾向があるので、その半導体エリアを縄張りとして仕切る浮遊霊がいるのです。

「半導体」がある場所はどこなのか？

各空間に変わらず存在する山や川などの大自然。あるいは、鉱山です。佐渡金山などは半導体ではないでしょうか。ヨコプロの場合は、かつてビルの下に井戸があって水とゆかりがあることも影響しているはずですし、私自身の霊感も強いので、私が半導体となって生命体やエネルギー体が集まってきている可能性があると思っています。

テレビやスマホに幽霊は出やすいのか？

静電気が起きやすいところは出やすい傾向があるので、霊たちは「昔のブラウン管のテレビは特に出やすかった」と言っていますね。今だと、東京タワーやスカイツリーのような電波塔も出やすいそうです。もちろん、スマホも電流が流れているからある程度出やすい環境にはなるでしょうね。

前述の通り、霊がこの世に姿を現すには必ず「半導体」のような場所が必要になります。半導体スポットに霊は出やすいのです。

幽霊は人に取り憑くことはできるのか？

幽霊は、くっついてしまうことはあっても、取り憑くことはできません。取り憑くのは悪魔など、さらに次元の違う存在です。

幽霊は〝物質化〟することがあるのか？

出る場所によります。交流が大きければヨコプロのように物質になることがあるそうです。物質化した幽霊は人間に接触することができるそうです。でも、これらはエネルギーが化学反応を起こしてできてしまった〝偶発的な物質〟なので、安定した成分で構成された物質ではありません。温度に応じて、寒ければ冷たい物質になるし、その日の湿気や空間の状態によって変化する曖昧なもので、そもそも死者の記憶がたまたま物質化してしまっただけのことだといいます。

幽霊は人に触ることができるのか？

物質化すれば触ることができますが、完全に物質化していなくても、感度が高い人間であれば幽霊が触れたことに気づく場合があります。半導体のような場所だと、〝半物質〟のような状態にもなりやすいので、気づくケースが格段に増えるようです。声も届きやすいので、脅したり、嫌がらせをすることも可能です。

ですから、「何か妙な感じがするな……」という場所では、じっくりと感性を研ぎ澄ませて嫌な感覚なのか、そうでないのかを感じ取ることが重要です。体は反射的に素直な反応を示しているはずですから、その場所を避けるような体勢をとっている場合は「立ち去ったほうがよい」ということでしょう。

幽霊は人の心が読めるのか？

生命体の中でも、守護神に限っては、人の心を読むことができます。

守護の対象となる人間を危険からガードする役目があるので、近づいてくるあらゆる人間の心を読んで、危険人物を教えてくれるのです。ただし、相手にも守護神がついている場合は、読み切ることができないこともあるそうです。

また、四十九日の間に、半導体を利用して出てきた生命体（生まれ変わろうか悩んでいる段階）は、人の心を読むことができません。エネルギー体も心の中は読むことができません。ですから、実際に声に出して話しかけることが重要になります。祈っているだけで死者には思いが通じると考える人もいますが、基本的には声に出さないと通じません。通じるのは守護神などの神レベルの存在だけです。

一概に幽霊といっても、レベルによってできることとできないことがあるのが、見えない世界なのです。

逆に、幽霊が人間に何かを伝えたい時は、声をかけたり、文字にして見せたりと合図を送っているそうです。けれども、不思議な現象を否定する人や懐疑的な人に対しては、何を言っても無駄なので、よほどのことがない限り、現れることも声を聞かせることもしません。幽霊も、何か行動を起こすには水や電流などのエネルギーが必要なので、無駄な消耗はしたくないのでしょう。

また、信じていない者に何か声をかけることで、逆に危害を加えられたりするのではないかと警戒してしまうそうです。人間と同様に、幽霊も「話を聞いてくれない人」「存在を否定したり無視する人」のことは基本的に好まないようです。

幽霊の居場所はどこか？

心霊スポットといわれるような場所は、廃墟や広島・長崎の原爆ドームなどの歴史的な構造物や軍艦島など、景色が変わらない場合が多いです。景色が変わらないことで、幽霊が安心してその場所に居続けてしまうのです。そして、その念のようなものが土壌に根付いてしまうのです。土に刷り込まれてしまった負のエネルギーは絶対に消すことができません。

人間も、実はそのことに、気がついているのではないでしょうか？

原爆ドームや軍艦島が残されているのは、その悲しい感情が拭い去れないと知っているからこそともいえるでしょう。

一方で、景色が変化した場所は、そこに流れるエネルギーも変わるため、幽霊もどこかへ移動するケースが多いのです。ですから、都市開発も霊的に意味があることなのです。

「半導体」のあるエリア

・伊勢神宮には半導体はあるか？
ない。邪気もないので交流がない。魂の浄化をする場所。

・鎌倉に半導体はあるか？
ある。鶴岡八幡宮との相性が良ければ行ったほうがいいエリア。

・日光東照宮に半導体はあるか？
ある。華厳の滝には大きな電流が流れている。

・都内でヨコプロと同じくらい強い半導体がある場所は？
蘆花恒春園（芦花公園）と丸の内にある平将門の墓。

・日本で強い半導体がある場所は？
三浦半島、岩手の平泉、佐渡島など。

幽霊が教える簡単な除霊方法

ほとんどの場合、シャワーを浴びるだけで、除霊することができているそうです。
水は電気を通すし、霊たちのエネルギーを運ぶ力があります。勢いよくシャワーを出して、頭から満遍なく流せばすぐ取れるといいます。酒や塩を入れるのもいいけれども、実はシャワーだけで十分だそうです。寝ている時にも霊はくっつきやすいので、朝にシャワーを浴びるのもとてもよいそうです。

狐憑きや憑依など、悪魔に取り憑かれた場合は、儀式を行うなどプロによる除霊が必要になってきます。悪魔に取り憑かれた場合は、体臭、食べものの好み、言動、行動すべてが取り憑かれる前と変化して〝別人〟に変貌しますので、すぐに対処してください。放っておくと、周りの人間を物理的に傷つける可能性があります。

良い夢と悪い夢がある

悪い夢を見た時は、生きている人間の不運をもらっている場合が多いそうです。一般的にいう、生き霊や負の念のようなものです。これも、朝のシャワーで洗い流しましょう。

良い夢は、白黒で、快晴の日に外を歩いている夢が最も運が開ける吉夢です。家の中しか出てこない夢は人との縁を繋ぐことがなく、あまり縁起のいい夢とはいえません。また、色がついているカラーの夢は疲れがたまっている証拠なので、熟睡できる環境を整えることが重要だそうです。

また、夢の中で、自分のうしろ姿や自分の姿そのものが見える人は、第六感が優れている人です。高い直感力や霊感を持っていることを自覚しましょう。

幽体離脱の注意点

体調が優れない時に幽体離脱をすると突然死する可能性がありますので、すぐに肉体に戻るようにしてください。また、幽体離脱は、距離があればあるほどレベルが高いことを意味します。距離があると時空を超えることができるので、予言もできるようになるはずです。

霊感を磨くにはどうすればいいのか？

先天的な要素が強く、霊感を上げるのはとても難しいです。ですが、宗教的な修行を行うと霊感は上がりやすいといいます。

そして、何よりも重要なことは「自分の周りで起きた不思議なことを信じる」ことです。信じることからはじめないと、霊感や直感は育ちません。

直感力をあげる方法とは？

天体観測はとても重要で、星の位置を覚えると直感力が上がってくるといいます。また、夜空を見上げて東西南北を確認する方法も有効です。第二空間で脳外科医をしている人物は「オーロラを見に行け」と指示しています。それほど、空の位置情報は大切なのです。鏡によって作り込まれたものだからこそ、そこに法則が存在するのかもしれません。

コラム3

土地と幽霊の因縁について

ここまで死後の世界を詳しく知れることになったのは、ヨコザワ・プロダクションが建つビルの土地にさまざまな幽霊が出てくるからです。何か因縁があるのでしょうか？

かつて三軒茶屋は世田谷区の中でも軍事施設が集中していた場所だったため、太平洋戦争中には爆撃の対象となり、たった2日間で4500人以上もの市民が命を奪われた悲しい歴史があります。焼失面積だけでいうと東京大空襲を超える被害だったことからも、どれほど凄惨な状況だったかが窺えます。

そして戦後、古くから交通の要衝であった三軒茶屋にはヤミ市にはじまり多くの飲食店が建てられました。そのヤミ市が最も栄えた場所が、実はヨコプロがある三角地帯です。三角地帯はそもそも風水的に陰陽のバランスが崩れた凶相とされていて、気の循環がうまく行われないため事故や病気が多く、古来から家を建てるには好ましくない土地とされてきました。

さらに、私が祖父から聞いたところによると、このヤミ市には商人や市民が利用してきた古井戸がふたつあったそうです。そのうちのひとつを埋め立てて真上に建てたのが、ヨコプロのビルだといいます。確かに、このビルは夏になると一階まで水浸しになり、地下に大量のボウフラが発生する時期があるため、井戸と関係がありそうです。

そもそも、水が湧く場所は生命の誕生場所として神聖なものなので、幽霊も出やすいといわれています。井戸の場合はさらに地面を縦に掘っていることから、地底世界や異界に繋がりやすく、井戸の神様が宿っているともいわれています。そのため、井戸の解体の際には必ずお祓いを行うべきだと考える地域もあるそうです。また、昔は今ほど高層ビルがないため、身投げの場所が限られており、川や井戸が選択されやすい傾向にもあったといわれています。

空襲、三角地帯、古井戸……これらの要素が霊を呼ぶ鍵となっているのでしょうか？

次の章からは死後の世界を離れ、予言についてお話をします。

昔から視えることが多かった私にとって、思い出に残っている予知についてエピソードを書いたのが第4章です。なぜ予知が可能になったのか、それはてっちゃんが力を貸してくれているからでした。第5章ではてっちゃんを通して得た未来のことをまとめました。別の空間にいるてっちゃんからは現世で起こることはおおよそわかっており、2024年から2030年までで彼が覚えていることを取材しました。お楽しみに。

第4章 予知

あの日見たビジョンのこと

この本のはじめに書いたように、私には5歳くらいの頃から突然未来が見えてしまう能力がありました。昆虫採集が好きだった私は、知識や経験もないのに、どこに行けばその昆虫がいるのか、ビジョンを辿って採ることができていました。しかし、10歳になり、あの日てっちゃんが守護霊になった時から曖昧だったビジョンがさらにはっきりと視えるようになり、「こうしたほうがいいよ」という助言まで聴こえてくるようになったのです。

ここでは私が覚えている予知に関するエピソードをまとめました。本当に？と思うかもしれませんが、一度読んでみてください。

あさま山荘事件で視えた未来

8歳の頃に、父親と一緒にテレビで「あさま山荘事件」のニュースを見ていた時のことです。突然、山荘が破壊されるビジョンが頭に浮かんだので、父に「あの建物はぐちゃぐちゃになっちゃうんだね」と言ったことを覚えています。父は「そんなことをしたら中にいる人が死んじゃうじゃないか」と言って、首を傾げながら笑っていました。しかし、後に鉄球を使って建物が壊されることになり、両親からは大変、気味悪がられたのを覚えています。

地元の公園に出たアルコール中毒の通り魔

そして、10歳の頃、1974年11月4日のことです。私が通っていた小学校の同級生に、いつも一緒に遊ぶ双子の男の子がいて、その日も公園で一緒に野球をしようと誘われました。「近くの公園でミニ野球をしようよ」と双子に話しかけた時でした。どこからともなく「誕生日のお祝いができなくなるよ」という声が聞こえたのです。翌日は私の誕生日でした。なんとなく嫌な予感がした私は、なぜか「今日は自分の誕生日だから、家に帰らなければいけない」と、双子に軽い嘘までついて断りました。

その日の午後4時35分頃です。公園に長さ30センチの出刃包丁を持ったアルコール中毒の男が現れ、双子はボール遊び中に男に襲われてしまったのです。男は双子の兄の腹部を刺したのち、逃げ遅れた弟にも襲い掛かり、馬乗りになって顔を殴るなどしたのでした。この事件は全国紙でも取り上げられ、センセーショナルに報じられました。その時も、「あの声はなんだったのだろう……」と私は不思議に思うと同時に、なぜ自分だけが助かったのかと思い悩みました。てっちゃんのおかげだったとわかるのはもっと先のお話です。

苦手な音楽が突然できるように

さらに同じ頃、私は音楽ができない子どもで、いつも音楽の時間は憂鬱だったのですが、ある時、「リコーダーが吹けるようになるよ！」という明るい声が聞こえたのです。もちろん、声を聞いた瞬間は何のことかさっぱりだったのですが、翌日、学校で音楽の授業がはじまると、急に楽譜が読めるようになっていることに気がついたのです。「あれ？」と思ってリコーダーを吹いてみると、昨日までまったく吹けなかったはずなのに美しい音がスラスラと出てくるようなってしまったのです。

予知とは異なるかもしれませんが、これはとても不思議な体験でした。のちに私はプロのクラリネット奏者に師事するまでになるのですが、もともとは音楽が大の苦手だったのです。これも、謎の声に導かれて辿り着いた未来です。

ホテルニュージャパンの火災

17歳の頃、両親と永田町を歩いていた時のことです。赤坂の一等地に構えた高級ホテル「ホテルニュージャパン」が視界に入っていたのですが、そこから火が噴いているビジョンが見えてしまいました。私は、両親に「あそこは火事になるのだね……」と言ったのを覚えています。当然、父も母もまったく信じてはくれませんでしたが、約1年後の1982年2月8日、ホテルの9階の客室から火が発生し、死者33人、負傷者34人という大惨事が起きてしまったのです。

新型コロナウイルスの登場

生徒から「横澤さん、コロナを予言していましたよね？」と言われることがたまにあります。

2017年のことでした。その時は、ヨコザワプロダクションのホームページをリニューアルしようということで皆が動いていました。

ある夜のこと、急に私の頭の中に文字がパッと浮かび、遅い時間にもかかわらず焦ってスタッフの小野さんに電話をかけたのです。

「すみません。そのうち世界は感染病でパンデミックになるから、ゲンが悪い言葉で悪いんだけども、俳優たちの紹介文のキャッチフレーズを『ワールドパンデミック』『パンデミック4』『エンデミック』『ワールドレッドミックス』という括りで役割分担して、紹介するページを設けてくれないかな？」

私はそう言いました。小野さんは「はあ……、パンデミックですか？　わかりました」と、ピンとこない様子でしたが、私には「パンデミック」という文字が流行する確信があったのです。

今思えば、何か虫の知らせのようなものだったのかなと思います。

さらに、2019年のことです。私は、生徒たちに「これから、なかなか海外に行けなくなると思うから、今年はたくさん旅行に行ってきます」と宣言し、1月にインドへ行きました。実は、数ヶ月前からやたらとヒマラヤ山脈がビジョンで浮かび、「ああ、今行っておかないと、しばらく行けなくなるんだ……」と漠然と感じていたのです。

「外に行けなくなる」という感覚はその後も続き、夏には家族とニューヨークへの旅に出ました。娘にも「しばらく海外に行けなくなるかもしれないから、今のうちにニューヨークに連れていってあげる」と言い、半ば強引に誘いました。さらに、年末にも家族でフランス一周の旅行に出かけました。今考えてみても、なぜあの年にあんなに焦って出かけたのか不思議ですが、とにかく「しばらく海外に行けない」という胸騒ぎが私を駆り立てていたのは確かです。

イラク人の幽霊がイスラエル攻撃を示唆

2023年です。あれは、ハマスによるイスラエル大規模攻撃が起こった9日前のことでした。月刊ムーの三上編集長たちがスタジオで一泊していた日です。朝方、編集者の角さんと、遊び半分でこっくりさんをしていました。すると、「イラク人です」と名乗る人が突然降霊したのです。

普段は日本人が降霊することが多いので、かなりのレアケースです。「急に、外国の方が日本語で話しかけてきましたね～」なんて、角さんと話していたのですが「なんでここに来たのですか？」と質問をすると、「おおきな　せんそう」と出てきました。続けて、「戦争？中東で戦争が起きるということですか？」と聞くと「はい」と答えます。結果的に、「だいせんそうになる　たいへんだ」と告げられました。

しかし、私と角さんは「2023年9月の今、戦争をしているのはロシアとウクライナだから、この霊はトンチンカンですね。話が見えないのでお帰りいただきましょう」と言って、その人物を鳥居のマークに帰してしまったのです。そして、9日後、パレスチナ・ガザ地区を実効支配するハマスによるイスラエル攻撃がはじまりました。

「まさか、あの時のイラク人はこれを言っていたのではないか……」と、深く反省するとともに、どのように収束するのかしっかり聞いておけばよかったと、今でも後悔しています。こっくりさんで降霊した人物は不思議なことに、未来も見えているんだなあと思った出来事でした。

N島のホテルで首を吊った女性

未来を予言した話を紹介しましたが、過去を当てたことも何度もあるので、そのひとつをご紹介します。

松竹芸能、女性セブン、週刊女性記者から芸能リポーターになられた大先輩の石川敏男さんとN島に行った時のことです。泊まろうとしていたホテルの前を車で通過していた時、そのホテルの上階から水玉模様のワンピースを着た女性が、大きなハットを被ったまま首を吊って、外で宙吊りになっているのがハッキリと見えたのです。

すぐに幽霊だとわかったのですが、あまりにも肉薄したビジョンだったので、石川さんにも見えているだろうと思い「女性が首を吊っていますねえ」と、ついつい口から出てしまいました。しかし、石川さんには見えていなかったようで、とても怖がってしまい、「何をいきなり言い出すんだ！　変な嘘をつくな！」と怒りはじめました。私と石川さんはとても仲が良いのですが、あの時は、本気で驚かせてしまったように思います。

けれども数日後、N島のお偉いさんたちと飲む機会があり、酒も進んでいい感じになっていたところ、石川さんが「彼が変なことを言い出したんですよ」と、冗談半分で首吊り女性の話をしたのです。すると「え？」と、一瞬部屋の空気がシーンと静まり返りました。そして、先ほどまで機嫌よく飲んでいたはずのお偉いさんが、「はい……あのホテルは……そうです……。確かに、水玉のような服装の女性だったと思います」と、話しはじめたのです。

まさに、私が見た光景そのものだったのでさすがに驚きました。

さらに、実は、私はそのホテルで卓球をしようと遊戯室に入った際に、強烈な火薬の匂いと「きゃ――――」という子どもの叫び声を聞いていました。壁には血が付着していて、子どもの四肢がバラバラになっているビジョンがストロボを焚いたようにパッと視えてしまい、10秒くらいその凄惨な光景の中にいたのです。卓球どころではなかったので、あれは何だったのか気になっていました。

「あそこの遊戯室って、何だか火薬の匂いがしますよねえ……？」と聞いてみると、これまた会場が変な空気になってしまい、「……ええ、あそこは、まさに戦時中に弾薬庫だった場所ですよ……」と。

子どもたちがそこで亡くなっているかどうかはわかりませんでしたが、とても大きな弾薬庫だったそうです。石川さんもこれには驚いていました。

霊の通り道がある大阪のホテル

余談ですが、大阪の某テレビ局の近くにあるホテルのことです。私は何度かそこに泊まったことがあるのですが、ある階の廊下は幽霊だらけで霊道があるとしか言えない場所です。「あのホテルは相当ヤバいなあ」なんて思っていたのですが、ある時、石川さんがそのホテルに泊まることになったのです。

私は、これみよがしに「○階の左側は霊道だから、何か出るかもしれませんよ」と石川さんを駆り立てました。すると、「じゃあ、泊まってやるよ」と、わざわざその階に泊まったのです……。

その結果、どうなったかというと、石川さんはその日の夜、ホテルの従業員に部屋を替えてもらうことになりました。

夜、電気を消してベッドに寝ていたら、ベッドの横を延々と歩き回る確かな足音が聞こえてきて、まったく眠れなかったそうです。

強烈な心霊体験を経た石川さんは、当時フライデーの記者だった荒木田さんに「あそこすごいから泊まってみなよ」と勧めました。

気の毒に……、誘いに乗った荒木田さんは、夜中に自分の顔を覗き込む巨大な顔を見てしまい「出たああああああああ――――！！！！！」と絶叫し、そこから一睡もできなかったそうです。

ちなみに、その荒木田さんは、先日フライデーデジタルの取材でヨコザワ・プロダクションを訪れた際、帰る直前に「白紫色の手」を目撃してしまい、ポカンとしばらく放心状態になっていました。「なんで帰り際に出るんだよ！　写真が撮れなかったじゃないか！　媒体NGなのか⁉」と怒っていましたね。紫色の手が出ることはとても珍しいので、私もそこは写真に収めていただきたかったのですが……手は気まぐれなのです。

コラム4 稽古場で起きる数々の怪奇現象のなぜ

私がてっちゃんやそのほかの霊たちに聞きたかったことのひとつに、稽古場で起きる現象についての説明があります。この部屋で起きていることには一体何の意味があり、どうしてポルターガイスト現象が起きるのかを聞いてみました。

・突然お線香の香りがする現象

お線香の香りは空間をまたぐ力があるそうです。仮にですが、第三空間に存在するヨコプロで線香を焚くと、第一空間にもその香りが漂うというのです。その香りを道しるべとして、失踪空間を移動すると、行きたかった空間に出やすいそうです。

・ホワイトボードや時計が動くなどのポルターガイスト現象

時間は普遍的なものなので、時計やスケジュール表などは半導体として機能しやすいアイテムだそうです。時空の歪みの激しさによって、手動巻きの時計はもちろんのこと、デジタル時計やスマホの時計の時間も狂うといいます。

・鈴の音が聞こえる現象

鈴の音は基本的に魂のレベルの高い人が鳴らす音です。第一～第四空間にいる人間でもなく、神様に近い存在だといいます。生前、修行を積み重ねて魂のレベルを極限まで上げた存在なのでしょう。空間をまたぐ巨大な鳥とは別に、レベルの高い魂は空間を行き来しているようです。稽古場には、生命体やエネルギー体などさまざまな霊が存在していますが、鈴の音を鳴らすような高貴な人もいるおかげで、悪いことが何も起きていないのかもしれません。

また、鈴の音には「警告」の意味も込められています。鈴の音を聞いて何か思い当たる節がある人は自らの行動を顧みるといいでしょう。

・人間と似ているがどこかくぐもった声が聞こえる現象

生命体や別空間の人間は、言葉を喋っているつもりなのですが、空間の歪みが邪魔をして人間にはうまく聞き取れないことが多いようです。声が聞こえる時は、必ず、特定の個人に向けて喋っているので、よく聞いてみてほしいとのこと。なかなか明確な言葉を届けられないのが残念だと彼らは言っています。

・**鏡から水が出てくる現象**

稽古場にいる生命体やエネルギー体、つまり霊たちへの水の供給だといいます。喉が渇いている者もいれば、火傷で亡くなり熱くて水を欲している者もいます。また、生命体は水を得ることによって電力を発し、場所を移動することも可能なので、霊にとってあらゆる面で水はエネルギー源なのです。これに付随して言えるのは、こっくりさんなどの降霊術で無理やり呼ばれている生命体（霊体）もいるので、経験値の浅い生命体は、水が無いとパニックを起こしてしまい、執拗なまでに要求するケースもあるそうです。鏡から水が出てくるのもそのパターンなのではないでしょうか？

・**突然、物品の出現や消失する現象**

半導体の要素が強い場所は、複数の次元の魂が行き来するため、ワームホールのような物が形成されることがあります。

例をあげると、私の稽古場には、誰のものでもない黒い革靴が片方だけ廊下に落ちていたり、誰も使わない文具が落ちていたりすることが多々あるのです。

革靴についててっちゃんに聞いたところ、たまたま空間と空間がクロスしたところに一瞬でも足を入れてしまった第二空間にいる男のものだそうです。

スッと靴が脱げてしまい、拾う間も無く空間を移動してしまったそうです。

靴や手袋など、片方だけが不自然に落ちている場合は、こうした空間の移動時に起きたものである場合があるそうです。


また、物が落ちてくるということは、穴があるということですから、物がなくなることも多々あります。稽古場の備品も頻繁に消失します。


さらに、半導体を使って幽霊がこの世に出現する際には、その幽霊の質量分の物質が紛失することがあるそうです。エネルギーの大きい幽霊が現れる場合は、大きな物がなくなり、小さい場合は、小物などが消失する可能性があるそうです。

あの世とこの世と異空間はすべて地続きで、それぞれのバランスを保ちながら地球環境を維持しているので、こうした事態が起きるのだといいます。

第5章 2024―2030年の景色

幽霊が語った日本と地球の未来

私がこれまで予言した内容について書いてきましたが、もっと細かい予知や虫の知らせのようなものはたくさん経験しています。

これまでは、漠然と予知能力を発動させていた私ですが、第一空間から第四空間まで、自由に時空を移動できるてっちゃんに未来を聞けば、高確率で当たるということが徐々にわかってきました。というより、そもそも未来の情報を知っているてっちゃんが私を守っていたことがわかったのです。私はこの能力を使って、ほかの人も守れないかと考えました。私の未来だけでなく、すべての日本人の未来を良いものに変えるために何かできないかと考えたのです。

そこで、私はてっちゃんに「未来について教えて」と頼み、てっちゃんは未来に暮らす信頼できる大人を見つけて私と会話させてくれました。そして視えてきた衝撃の未来……。その情報を、1人でも多くの人に伝えて、日本の未来に役立てられないかと思っています。

2024年から2030年までに起こる出来事についてまとめました。ラッキーカラーを書いていますが、ラッキーカラーは、自分自身を守ってくれる色で、幸運を呼ぶだけではなく、成功祈願や合格祈願、安産祈願や交通安全など、あらゆる面でお守りになるような色です。表面的に身につけていなくても、その色のハンカチや小物でも構わないので、持っていると良いことがあるでしょう。私の質問のせいだと思いますが、内容に偏りがあったり、先のことほど漠然としたお話になっている点はご了承ください。

2024年　五輪と選挙

ラッキーカラー……オレンジ

2024年は、7月〜8月にかけて、一度だけ並外れた大きな台風が上陸するでしょう。しかし、現時点では、台風の進入角度まではわからず、どこに上陸するかは明確ではありません。てっちゃんに何度聞いてもノイズが走ってしまうのです。

台風の影響で大規模な停電も起きるかもしれないと言っているので、とにかく、停電と水害の対策をしておくことをオススメします。

日本の物価が下降することはなく、むしろずっと上がり続けます。なぜなら、値段がもとの値段に戻る製品が見当たらないからです。中でもかなり深刻なのは、石油価格です。石油価格が高いため、すべての製品の価格に影響が出るでしょう。

7月のパリオリンピック直前まで、パリの治安悪化が社会問題となるくらい深刻化するでしょう。オリンピック期間中にテロが起きるのではないかという噂が広がります。しかし、滞りなく無事開催されることでしょう。

オリンピックでの日本の成績は芳しくないと出ています。しかし、いつものオリンピックよりも、意外な人がメダルを獲得することが多い大会でもあります。

11月のアメリカ大統領選挙は、トランプ氏が勝利する可能性が高いと出ています。しかし、これについては未来が変化する可能性が高いので要注意です。なぜなら、今、私がてっちゃんにお願いして、未来の選挙結果を聞いているのと同様のことを世界のあらゆる権力者たちが行っているからです。未来人と交信できる霊能者などにお金を払い、トランプ氏が勝利する未来を聞いてその現実を曲げようとする人々がたくさんいます。アメリカの選挙戦はある意味、サイキックウォーズでもあるのです。

ですから、本来の未来ではトランプ氏が勝利するはずなのですが、トランプ氏が当選しなかった場合や、共和党から大統領が出なかった場合は、どこかで不正や強引な手段が取られていた可能性があります。

〈テクノロジー〉

世界中の車がEV車へと切り替わっていくターニングポイントとなる年でしょう。2030年を目途に、ガソリン車、ハイブリッド車などの車が激減していくような確実な流れができます。環境問題をテーマに入れたパリオリンピックの開催もその流れを後押しするでしょう。

〈流行〉

温暖化から来る「暑い日は長く、寒い日は短く」というニューノーマルが現実化した日本、暑さ対策のグッズが、これまで以上に開発が進み種類が出て、大量に生産されるでしょう。手持ちの小型扇風機は昨年以上に流行します。

爽快なシャツや肌着、さらに、冷水がジャケット中を巡る、本格的な暑さ対策が施された服が年配者を中心に流行するでしょう。買い過ぎに注意です。

お金持ちは、避暑地が一番と言って、世界各国の涼しい場所で過ごす人が増えます。

しかし、てっちゃんが連れてきた未来人いわく、猛暑対策のグッズよりも体に水分が浸透する経口補水液のようなドリンクを常備することのほうが猛暑対策には効果的とのことです。

メイク関連では、女性だけでなく男性もメイクをする文化がますます浸透します。男性用のコスメがヒットする皮切りとなる年でしょう。新しくブレイクする韓国の男性グループがきっかけとなるはずです。また、男女問わず、唇のケアやアートメイクが注目されます。女性は、河合優実、八木莉可子など唇が厚く、眉もしっかりした顔立ちが流行るでしょう。

ブランドでは、パリオリンピックの影響もあるのか、フランスのハイブランドが流行します。ルイ・ヴィトン、ディオール、シャネルを筆頭に、王道の高級ブランドが注目を集めるでしょう。

2025年　猛暑による課題

ラッキーカラー……シルバー

2025年は、農作物に関して議論されはじめる年でしょう。

6月頃に、例年よりも深刻な水害の被害が出ます。この水害の影響で、米の品質や収穫量に大きな影響が出て、お米のブランド力が低下する可能性があります。25年を起点に、約5年かけて日本の米どころが変わっていく可能性があります。

夏は、猛暑日が続きますが、北海道だけは猛暑でも夜は涼しいということで土地の評価が高まります。気象庁は、1日の最高気温と最低気温に合わせて、平均気温も出すようになるでしょう。そして2030年には、テレビでも平均気温が流れるようになります。これは生産者に向けた農作物のためのものだといえます。

温暖化の影響で、肉・穀物・野菜などすべての食品の不足が世界的に出てきます。夏以降は、代替食品がファストフードなどで出されるだけでなく、個人の食卓にも取り入れられるようになるでしょう。昆虫食とまではいきませんが、代替ミートなど、新しい食品が日常的に摂取されるようになります。

厳しい温暖化よりも先に食糧難が来ると出ているので、今のうちからフードロス問題について考えましょう。

〈テクノロジー〉

2024年同様、夏は猛暑対策に対応した衣類の種類が増えるでしょう。猛暑テクノロジーも発展し、省エネでも強い冷却力を持つエアコンなどが注目されます。

また、EV車の安全機能の性能が飛躍的に上がるでしょう。ドライブレコーダーの発展により、広角レンズによって、より遠くのものが見られるカメラが搭載され、これまであれば捕まえられなかった意外な犯人の逮捕に繋がるきっかけになるでしょう。

こうした技術の発展により、比較的安価で自宅のセキュリティを高める商品も増えます。高級住宅街への押し込み強盗などの被害件数は減ります。

〈感染病〉

猛暑の影響で、東南アジアで流行っている感染病が、6月以降から日本に上陸してくるでしょう。

〈流行〉

映画では、低予算のホラー映画が流行りはじめるでしょう。

音楽は、その時の心拍数や体温を検知し、気分に合わせた音楽を選んでくれるアプリ、もしくは機械ができるでしょう。

アプリでは、その日一日の行動をすべて決めてくれるアプリができます。起床時間から家を出る時間、食事の時間やお風呂に入る時間まで、その日のベストパフォーマンスを引き出すためのスケジュール管理アプリが注目されるでしょう。

2026年　子どもを襲うウイルス

ラッキーカラー……グリーン

2026年は、感染症による患者数が増加する可能性がある年です。特に、子どもがかかりやすい肺炎系の感染症には注意しましょう。これは最初、中国の重慶や上海あたりを中心に流行し、6月頃からキラーウイルスへと変化し、子どもだけでなく大人でも死亡者が出てくるほどに、殺傷能力を高めます。「マーダーウイルス」という声が聞こえてくると、てっちゃんは言っています。

非常に深刻なパンデミックを引き起こしますが、なぜか1年以内で収束するとのことです。

コロナより期間は短いけれども、殺傷能力は高いので気をつけましょう。
ウイルスの対策としては、マスク、手洗い、うがい、質素な生活に慣れることなどが重要です。マスク着用の効果云々ではなく、またコロナと同じような時期が来るということです。

〈流行〉

テクノロジーでは、イヤホン類の小型化などを筆頭に、音の聞き取り方についても劇的に進化します。ピアスサイズあるいは、ピアス型のようなイヤホンが発売されたり、これまでのようなガジェットがなくても聞けるようなものが発売されるでしょう。

アプリでは、結果が事前にわかるダイエットサポートアプリが登場します。どこの部位からどのように痩せていくのか、ダイエットをはじめる前から結果を知ることができます。細かく食事や運動メニューを提案してくれて、その結果どうなるかも示されるので、モチベーションも維持しやすいでしょう。

そのほか、ペットボトルの素材が自然に優しい素材に変わり、飲み物の冷たさや温かさが、今よりも保たれるようになるでしょう。

2027年　争いと気象の変化

ラッキーカラー……ブルー

2027年は、韓国と北朝鮮による南北戦争が起きる可能性があります。この戦争で一番負担を被るのは日本で、両国の争いから身を守るために、多額の防衛費をアメリカに支払わなくてはならなくなるでしょう。

防衛費の予算を確保するための増税はこれまで以上にきつくなっていくでしょう。2024年~2026年の間にも減税の動きは出るはずですが、これは、いずれ防衛費としての多額の予算を確保するための、嵐の前の静けさのようなものでしょう。この影響で、全企業とはいわないまでも、ほとんどの企業の労働賃金が上がらないことで国民のフラストレーションがたまるでしょう。

この戦争で、日本は幾度もミサイル攻撃に脅かされますが、実行されることはないでしょう。

中国の気象状況の変化が日本にも影響を及ぼし、季節にずれが生じはじめるのもこの頃です。夏が長く、冬は短くなるでしょう。

季節が乱れることで、雪害が増加すると出ています。通常の降雪とは違い、ゲリラ豪雪のような大量の雪が降るのですが、すぐ雨に変わってしまう……そんな天気が目立ちはじめるでしょう。従って、豪雪地帯とは違った別の雪害が起こるようになります。雨による水害も緩やかに上がり続けながら続いている状況です。

また、こうした気象条件によって、暑さに弱かったはずの日本の蚊が進化し、デング熱のような感染症の危険性も増します。てっちゃんが連れてきた人物は「東南アジアで起きていたような感染症に警戒しろ」と強く促しています。

2028年　災害の可能性

ラッキーカラー……ピンク

2028年は、地震が多発する可能性がある年です。「湖の水があふれかえるほどの地震が起こる」「南半球を中心とした地震が起こる」と出てきます。

日本の、とある湖付近に地震が頻発し、それをきっかけに、やや大きい震度5以上の地震が日本北部で起きはじめるでしょう。やはり大きな地震は東北が多いのか……と思いきや、太平洋あたりでも地震が頻繁に起こり、その中のひとつに大きな地震が含まれる可能性があるでしょう。

私は、それが南海トラフなのかを問うたのですが、2024年の台風の時と同様に、明確な位置、地震の震源地については、ノイズが走りぼやけてしまい、わからない状況です。てっちゃんによると、別次元からこちらの次元を観察する際に「角度」や「用語のズレ」が生じるため、正確な情報が伝えにくいとのことです。

地震の影響で、日本で展開していた巨大な外資系の企業の撤退や移転が加速するでしょう。2028年はとにかく地震や水害などの災害に悩まされる年です。どちらが先かはわかりませんが、いずれにせよ、災害が立て続けに起きる可能性があります。

2029年　学力の光と影

ラッキーカラー……レッド

2029年は、大きな政治変動が展開される年です。主要国のどこかで大きな政権交代が起き、日本を含め、世界的に大きな影響を及ぼすそうです。

日本国内では、学力格差の影響で小学校の低学年から薬物に走る子どもが増加し、大きな社会問題に発展するおそれがあります。子どもたちの薬物乱用はさらなる学力の差を生み出し、それが後の日本に暗い影を落とすことになりそうです。

一方で、教育テクノロジーの進化などにより、飛躍的に学力が向上する子どもも増える年です。

2030年　復活の狼煙

ラッキカラー……イエロー

フランスを中心に、欧州で何か世界を震撼させる出来事が起きる可能性があります。実際に起きなくても、その後大きな事象に発展する何らかの布石が打たれる可能性があります。

2030年には今からでは想像もできないほど、中国が経済大国になっていますが、国内は一党独裁の社会主義と経済資本主義のバランスが今以上に崩れ、混乱を招いていくでしょう。それが中国の経済成長を阻むのですが、日本にとってはチャンスとなり、この年から国力が徐々に回復するそうです。GDPランキング2位への返り咲きも夢ではないと、異空間の専門家は話しています。

自然災害にも耐えてきた勤勉な日本の国民性が持つポテンシャルが開化する年で、義務教育の向上にも改めて力を入れはじめて復活の狼煙を上げます。

万が一に備えておく

てっちゃんいわく「大きな予言は外れない」。アメリカの大統領選のように、特に政治の世界ではサイキックウォーズが行われているので、予定されていた未来が訪れない場合もあるのですが、自然災害や世の中の流れなど、大きな出来事については時期がズレることはあっても外れることはほとんどないそうです。てっちゃんからは「自信を持て」「外さない」とも助言されました。

現世での変化は、当然、第二世界から第四世界にも影響しますし、影響を受けた第四世界の変化がまた現世にも及びますので、完全に未来が決定づけられているわけではありませんが、大体の流れはこの通りになるはずだとてっちゃんは言っていました。

死後の世界、そして未来予言とまとめましたが、今があるということは少なくとも240年先まで地球が存在していることになります。240年先の未来人を苦しませないためにも、我々は今以上地球や魂を汚してはいけないのです。

誰しも未来の助言を受け取っている

これまで書いてきた通り、てっちゃんのように未来にも移動することができる幽霊が存在します。また、神のような存在も未来の情報を知っています。また、時空を超えて、80年、160年先の生まれ変わった自分がシグナルを送っている可能性もあるでしょう。ですから、直感を研ぎ澄ませていれば、読者の方でも未来の情報を得るチャンスはいくらでもあると私は思っています。「行かないほうがいいと思ったら、行かない」「行くべきだと思ったら、行く」など、普段から次の行動を即決する勇気を持つことが重要なのではないでしょうか。

コラム5　てっちゃんが解説する「コックリさん」

私はこの本の執筆のために、普段からコックリさんを行っているのですが、改めて、これは一体どのような降霊術なのかをてっちゃんに聞いてみました。

・行う場所について

コックリさんは、場所を問わないため、どこで行っても構わないが、会話ができる場所とそうでない場所があるそうです。ポイントは半導体。半導体がなければ、そもそも降りてこられないそうです。または、行っている者に霊感があったり守護神がついていれば、その人自体が半導体になるので、降霊が可能になるそうです。

・参加してはいけない人

洗脳されやすい人や自己暗示にかかりやすい人は参加しないほうがいいそうです。コックリさんで言われたことが100%正しいわけではないことを理解している人が行うべきだと言っています。

・**10円玉を使う理由**

使う物よりも、場所や人が重要なため、無理に10円玉で行う必要はないそうです。それと同様に、文字を書いた用紙も、儀式を行うための形式的な要素でしかないので、いずれも重要視する必要はないということです。

・**10円玉やプレートは、なぜ動くのか？**

半導体のある場所で行っている場合は、生命体やエネルギー体が人を介して動かしているそうです。霊感が高い人が行っている場合も、同様です。

生命体もエネルギー体も、人に念力のようなものを送っているそうです。

いずれにも該当しない場合は、参加者の誰かが勝手に動かしているのでしょう。

・**コックリさんは低級霊を呼びやすいのか？**

コックリさんに参加している人のレベルに合わせた生命体やエネルギー体が降りてくることが多いです。ただし、霊の絶対数は生命体よりもエネルギー体のほうが多いので、確率的にはエネルギー体が降りてくることのほうが高くなることを考えると、やはり低級霊を呼びやすいのではないでしょうか。

・コックリさんで気をつけたいこと

コックリさんは、行っている者の潜在意識が影響しやすい降霊術です。頭の中がクリアでないと、霊が言っている言葉をストレートに受け取れずに、自分の意識のノイズが入って都合のいいように10円玉を動かしてしまったり、出てきた言葉を誤って解釈してしまうことがあります。瞑想に近い状態で挑まないと、正確性の高い降霊は行えないのです。

霊能者も同じです。我が強い霊能者は霊の言葉を正確に伝えることができません。こうあってほしいやこうあるべきという自分の意識が邪魔をしてしまうのです。

今回、私も本のために何度もコックリさんを行いましたが、作家としてドラマを書く時は、カフェインを摂取し、頭を覚醒させて筆を走らせるのですが、こっくりさんの場合は、睡眠を十分に取り、頭をクリアにした状態で行わないと雑念が邪魔をすることがわかりました。

終章
てっちゃんの存在と感謝

最後に、てっちゃんについて紹介したいと思います。

これは、私が本書を執筆し終わり、あとはまとめるだけ……という段階で彼のほうから明かしてくれた話です。

てっちゃんは、今でいう世田谷区下馬で育ち、生まれ年は1935年で、「サカクラ・テツ」という名前でした。ただ、生まれた月や日にちは、覚えていないそうです。そして、亡くなったのは、1944年の10月。戦時中の秋の日の日中だったそうです。

下馬で、近くに住む子どもたちと遊んでいた最中、目黒区五本木に爆弾が落ちました。それは、下馬にいた人たちでもわかるほど、激しい空襲だったそうです。

見上げると、下馬の空にも戦闘機が飛んでいました。てっちゃんたちは「ここにも爆弾が落ちるのではないか」と思い、子ども同士の判断で、人が多くて安心できる場所へと移動したそうです。向かったのは、三軒茶屋。けれどもそこは確かに人は多いが、町が栄えていて、実際には狙われやすい場所でした。

三茶に逃げ込んだてっちゃんでしたが、すでに三茶でも攻撃がはじまっていて、町中が大騒ぎになっていました。砂埃が吹き荒れる道を走り、なんとかヨコプロが今入っている三元ビルの辺りに辿り着いたてっちゃんは、そこにあった生活用水用の井戸で、近くの火事を収めるために水汲みをしていた大人たちを見つけました。そこで「お水をください」と懇願したてっちゃんでしたが、「桶の綱をちょっと持ってろ」と言われて渡された時に、バランスを崩して落ちてしまったそうです。

死因は、井戸の一番下まで落ちて圧死したのではなく、落ちている最中に、井戸の壁面で顔をぶつけて失神し、そのまま下にたまっていた水に溺れて溺死してしまったのです。

9歳で突然死んでしまったてっちゃんは、運が悪いことに井戸に入った時にすでに失踪空間に入ってしまっていました。そのため、魂のジャッジをする機会を逃してしまったのです。

「水難事故や入水自殺での死は、失踪空間に入る確率が高いんだよ……」と悲しそうに言っていましたね。水辺で亡くなった方は、亡くなると同時に肉体ごと失踪空間に落ちてしまっている場合も多いのかもしれません……。

失踪空間に入ってしまったてっちゃんは、暗闇の中をあてどなくさまよい、抜け出せるスリットがないか30年間探し続けたそうです。失踪空間の中には、彼と同じようにさまよう人々が何人もいたそうです。死者だけでなく、生きたままさまよっている人もいれば、失踪空間の中で白骨化している遺体もあったそうです。

そして、1974年の4月、失踪空間から出てきたてっちゃんの目の前には〝三途の川〟でもある利根川が広がっていたのだといいます。

そこで初めて、車が走っている光景や道ゆく人々のファッションが違うこと、自分のことを周りが見えていないことを知り、死んでいることを自覚したそうです。

川の前で立ちすくむてっちゃんでしたが、既に四十九日を過ぎて30年も経っているため、すぐに魂のジャッジをして生まれ変わるか、エネルギー体になるのかを選択しなければなりませんでした。

その時でした。てっちゃんの目の前で、たまたま同じ年頃の子どもが川で溺れているのを目撃したのだといいます。それが10歳の私です。反射的に「助けたい！」と思ったてっちゃんは、守護神になる道を選んだとのことでした。

今思うと、てっちゃんが私を選んでくれた理由は、私がもともとスピリチュアル的な能力が高く、彼の存在をいずれ認識することができるようになるという直感が働いたからなのかもしれません。

私の守護神になったてっちゃんは、その後、ことあるごとに私に助言を与え、素晴らしい未来に導いてくれました。彼の存在なくして、今の私はありません。ですから、てっちゃんには本当に感謝しています。大好きな演劇の世界で今生きていることも、ヨコプロという不思議な場所に出合えたことも、てっちゃんのおかげだと思っています。

これは、私の勝手な思い込みかもしれませんが、幽霊の中には自己顕示欲が強くて、もっと人に認識されたいという欲を持っている人もいるのではないでしょうか。それこそ、生きていた頃は舞台に立ちたいという役者の夢を抱いていた人もいるかもしれません。そういう人たちが、俳優育成スクールであるヨコプロに集まってきているのではないでしょうか。

ですから、エネルギー体となってしまった彼らの夢を叶え、魂のレベルを上げて1人ひとり成仏させてあげるのが、私の役割なのかな……と思ったりもするのです。彼らが無事に生まれ変われるように、私自身も魂を磨いて、彼らにいい影響を与えていかなければいけないと思っています。

もうひとつ、てっちゃんのこのエピソードを聞いて不思議なシンクロがあることに気づきました。以前、てっちゃんとこっくりさんで会話していた時に、「ヨコプロの玄関側は『川』で舞台が『沼』なんだよ」と聞かされたのです。確かに、てっちゃん以外の幽霊とも会話してわかったのは、ヨコプロにはなぜか溺死した人など水が関連した亡くなり方をしている人がたくさん集まっているということでした。そう考えると、川で亡くなった人は玄関側から失踪空間を抜け出し、沼で亡くなった人は舞台側から抜け出しているのかもしれないとも思うのです。

おそらくヨコプロは、半導体であると同時に、失踪空間から抜け出すスリットも存在する場所なのだと思います。

いずれにせよ、今、私がこうして幽霊の存在を世間に訴えているのには理由があるはずです。そのひとつが、今回の本の執筆でわかった気がしました。

我々が生きているのは「魂を向上させるため」であり、「人が住める環境の地球」を残すためなのではないでしょうか。また、私たちは決して1人で生きているわけではないということが死後の世界の構図でわかりました。見えている周りの人間だけでなく、異次元の人間、しかも、未来で生まれ変わっているかもしれない転生した自分に支えられている可能性もあるのです。「自分を大切に」という言葉は、自分だけではなく、未来の自分も含まれているのではないでしょうか。


自分にも、人にも、地球にも、優しく……。

コックリさんでわかった死後の世界が教えてくれたのは、とてもシンプルで美しい生き方の素晴らしさでした。

おわりに

私がこの本を書いた理由は、もうすぐ三軒茶屋が都市開発されるため、残された時間を使ってできる限りこの場所にいる霊たちとの対話を記録として残したかったからです。
そして、なるべく多くの人に彼らの声を届けるとともに、我々の糧になるような情報を残したかったのです。霊は、私たちよりもずっと長くこの世に存在していて、たくさんの人間を観察しています。彼らの持つ情報には、現代人が忘れてしまった大切な生きるヒントがたくさんあるのです。

私もこの本を執筆するにあたり、霊界の取材を通して初めて気づいたことが多くありました。それは、すべての物や事柄が、我々が見えている世界以外の場所と繋がっているということです。なぜ我々は生きていて、なぜ天災が起きて、なぜ今社会はこのように混沌としているのか……すべてに意味があることがわかりました。そして、1人ひとりが高い意識を持って生きていかないと、第二〜四層の人間……つまり我々が次に生きる世界がより窮屈で厳しいものになっていくのです。自らの行いを正さないと必ずそのツケが巡ってきます。これがカルマなのかもしれません。

そしてもうひとつ考えたことがありました。これは、私の考察になるのですが、死後の世界のシステムも無常なのではないかということです。今、我々が住んでいる社会が変化しているように、死後の世界も少しずつ形や制度が変化している可能性です。

てっちゃんやそのほかの霊たちは、人間の進化が早すぎて魂を4つの異空間にわけたと説明してくれましたが、では、4つにわかれる前はどんな死後の世界だったのでしょうか。一気に4つにわかれたのでしょうか、それとも徐々に拡大したのでしょうか……。わかりませんが、ある時突然、死後の世界の構造が変わったのは確かです。

そう考えると、人間の行いが死後の世界の在り方そのものにも影響しているといえます。あの世とこの世は本当に地続きなのかもしれません。我々の生き方次第で、死後の世界はもっとよくなる可能性がある……私はそんなふうに感じています。

近況のご報告　変化する稽古場での現象

映画『新・三茶のポルターガイスト』の撮影が終わり、この本も書き終えた頃から、白い手の出現の仕方に変化があらわれはじめました。

これまでは、白い手が出ても人間が近づくとすぐに引っ込んでしまったり消えてしまったりしていたのですが、ひと言で言うと「人に動じない手」が出現しはじめたのです。

つい先日も、スタジオで作業をしていたら、私の半径1メートル内の距離で、床から真っ白な手が出てきました。しかしそれは、あまりにも堂々としすぎていて、以前のように物怖じした様子が微塵もない……明らかにこれまでと様子が違うのです。表現が難しいのですが、いよいよ「触ることができそう」という感覚が私の中で芽生えました。どうも、人間との触れ合いを恐れていない雰囲気が出ているのです。

たとえば、人間に慣れていない野生動物の場合、近づくとほとんどが逃げてしまうけども、時間をかけて安心だということを経験・認識させることで距離を縮めることができますよね？　うちのスタジオにいる霊たちにもそれと同じことが起きているのでしょうか？　とはいえ、私が彼らとここまで距離を縮めるのには、30年以上の時間がかかっているわけですから、決して霊は順応性が高い存在とは言えないと思います。

けれども、本書を書くために、たびたび彼らをコックリさんで呼び寄せ、コミュニケーションをとり続けたことで、あっちの世界から一定の信頼を得た可能性もあるのではないかと思うのです。最近になって加速度的に幽霊の出現の仕方や態度が変化しているのと、私が度々降霊術を繰り返したことはやはり切り離して考えることができません。

そもそも、手以外にも出現していた

まず、ヨコザワ・プロダクションは白い手で有名になった場所でもありますが、出現するのは手だけではありません。足も何度が出現したことがあります。

次ページの画像は、数年前に天井から出てきた足です。見ていただければわかるように、この足は、人間の1・5倍はありそうな大きさです。整体師さんにこの画像を見せたところ、

写真上　左上の天井付近に「足首までの足」が写っている。親指の付け根に傷跡がある。

写真下　右上の天井付近に同様のもの。横向き。

特徴から「20代くらいのスポーツをやっている健康的な男の足ではないか」とのことでした。よく見ると、親指の付け根に大きな傷痕があり、怪我をしていることがわかります。もしかすると、腐敗した痕かもしれません。

体のパーツしか出現しないのか?といったらそんなこともありません。過去にも、床から上半身だけの男がこちらを見ていたり、知らない人間の後ろ姿が出現するなどいろいろあったのですが、近年そうした事例が圧倒的に増えました。２０２３年に、ビルの地下にテナントを入れるための大規模な工事がはじまったのですが、そのあたりから全身が丸ごと出てくるケースが増えたのです。

よくあったのは、就業間際、稽古場の点検をした後、電気を消してさあ帰ろうとドアノブに手をかけると、背後から「カタッ」という物音がして、振り返るとぼーっと白い人型のモヤのようなものが立っているというものでした。不明瞭な見え方ではあるのですが「明らかにそこに誰かがいる感じはする」……そんな現象が繰り返し起きていたのです。

地下工事が進むと、白いモヤは日に日に目に見える形で人間のフォルムを形成しはじめました。そんなある時、やはり白い人形の霊が出現したので、携帯のビデオボタンを押そうとしたのですが、なぜか押すことができなかったので、仕方なくカメラに切り替えて撮影しました（次ページ写真）。

足が妙に長くて、服を着ておらず、裸のような姿の白い霊がスタジオの端から端を歩いていました。この霊については、私だけでなく他のスタッフも同じものを目撃しています。

そして、2023年の暮れに撮影された映画『新・三茶のポルターガイスト』では、はっきりと人間の形をした霊が生徒たちのダンス中に出現していました。

中央に映っている、向かって右に頭をかしげているのが、幽霊です。

信じられませんよね？　でも、人間ならばそのまま空間から消えるはずがないのですが、ここに映っている人物は数秒後に跡形もなく消失しました。ですから、人間ではないのです。これまではどこかいびつだったり、〝幽霊らしさ〟を保った形で出現していた霊が、人間と見分けのつかないレベルで出てきてしまった最初の瞬間です。

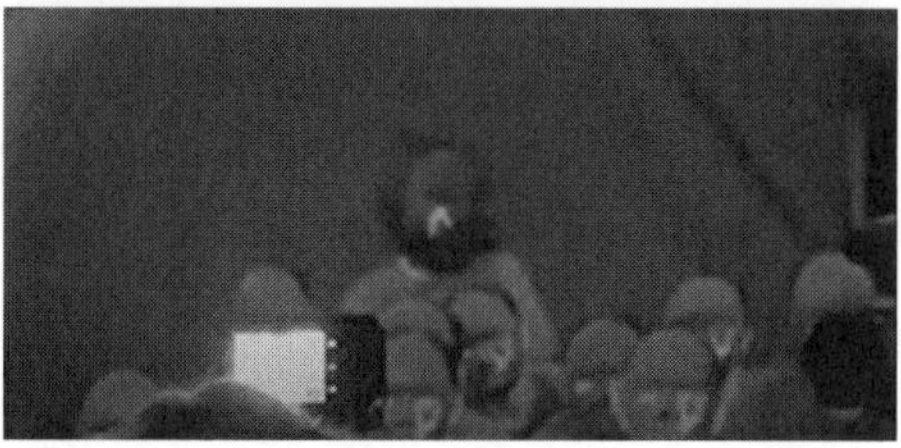

写真上　真ん中に浮遊する幽霊。裸のような姿で歩いている。

写真下　仮装してダンスをする生徒たち。その真ん中で右に頭をかしげているのが幽霊。

これは、度々ヨコザワ・プロダクションで降霊術をした結果、失踪空間から出てきた霊や生命体が、弊社で物質化するテクニックを身につけてしまったからなのでしょうか？　いずれにせよ、現場の条件さえ揃えば人間と変わらない解像度にまでなり、また、幽霊側も〝人間慣れ〟してくるということがわかってきました。

私はいつか、あの手に触れることができる日が来るのではないかと思っています。そんな遠くないうちに……。

横澤 丈二 Yokozawa George

1964年生まれ。東京都出身。高校1年より、クラリネットを故・北爪利世氏に師事。

日本大学芸術学部を経て、1986年、無名塾に入塾。俳優として、数々の舞台・テレビ・映画に出演。1990年には、株式会社ヨコザワ・プロダクションを設立。同年、ヨコザワ・アクターズ・スタジオ開設。現在は、脚本家・演出家として、テレビドラマをはじめ、舞台・映画・ラジオドラマを手掛けている。全てのジャンルを含めると、これまでに500作品以上の作品を創作している。2023年『三茶のポルターガイスト』、2024年に『新・三茶のポルターガイスト』が全国公開される。

株式会社ヨコザワ・プロダクション代表取締役。ヨコザワ・アクターズ・スタジオ主宰。劇団四重奏主宰。日本芸能マネージメント事業者協会会員。日本音楽著作権協会会員。大嶽部屋東京大竜会理事。東京江東ロータリークラブ元会員。著書に『日本一の幽霊物件 三茶のポルターガイスト』（幻冬舎）がある。

30年間《ねんかん》事務所《じむしょ》に出《で》た幽霊《ゆうれい》が教《おし》えてくれた
死後《しご》の世界《せかい》

2024年6月17日　初版発行

著者／横澤《よこざわ》丈《じょう》二《じ》

発行者／山下直久

発行／株式会社KADOKAWA
〒102-8177　東京都千代田区富士見2-13-3
電話　0570-002-301（ナビダイヤル）

印刷所／共同印刷株式会社

製本所／共同印刷株式会社

●お問い合わせ
https://www.kadokawa.co.jp/（「お問い合わせ」へお進みください）
※内容によっては、お答えできない場合があります。
※サポートは日本国内のみとさせていただきます。
※Japanese text only

定価はカバーに表示してあります。

ISBN 978-4-04-606752-4　C0095